天下文化

BELIEVE IN READING

命定之書

一頁篇幅，讓人生無限增幅

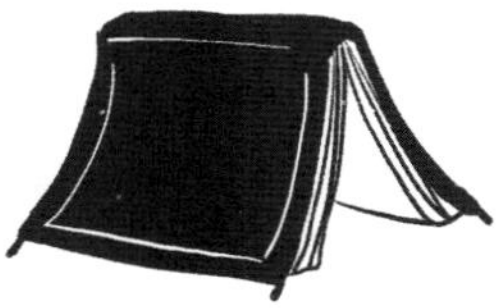

愛瑞克 著

每個人在不同人生階段，面對著不同目標與挑戰，
當你遇見一本對的書，就像看見黑暗中的一道光，
帶給你新的啟發、新的力量。

現在就是翻開一本書，最完美的時刻，
邀請你，即刻踏上尋找命定之書的旅程。

目錄
contents

第三篇　內化：建立自己的知識體系

第四篇　改變：閱讀與生命共振

推薦序

為什麼有人總能看見未來？

洪瀞

我和愛瑞克的相識，應該始於二〇二一年一月二十三日，在台大集思會議廳舉辦的一場公益講座。當時我剛出版第一本書《自己的力學》不久，他便邀請我一同分享。當天共有三位講者：我、愛瑞克以及楊斯棓醫師。

原以為只是一場單純的演講活動，沒想到卻讓我留下了深刻的印象。

身兼籌辦人的他，也擔任當天的壓軸講者——這也是我第一次現場聽他演講。整場內容清楚、有條理，節奏流暢。他分享的十個主題層次分明，聚焦在個人成長，每一個都精準切中現代人在學習與突破時，會遇到的關鍵問題。

演講結束後，我由衷的對他說：「這是我聽過最棒的演講。」還真不是客套，而是一種敬佩。

除了內容本身，我特別佩服的是他對細節的重視。為了呈現最佳效果，他事前反覆練習了很多次。重點是，這是一場近一小時的演講，能準備得如此周全，實在難得。這樣的專業態度和自我要求，讓人不得不敬佩，不是嗎？

我也曾問過他：「你為什麼如此有遠見，在職涯早期階段，就共同創辦像TMBA這樣有影響力的社團？」

現在，我知道答案了——它就寫在這本《命定之書》裡。

一本結合生命厚度與學習心法的作品

這是一本既有生命厚度又有學習心法的書，書中同時引用了許多我自己長年關注、也非常喜愛的經典作品；或許可以這麼說，這不只是一部經驗的總結，也是對知識「建構」與「學習」的致敬。

如何閱讀？如何選書？這背後的心法與架構，其實和學術研究、撰寫論文時整理文獻的過程相似。對身為大學教授的我來說，這也是一本值得研究生與進階學習者細讀、反覆咀嚼的工具書。

舉其中一個相當值得推廣的觀念：「用作者的視角」來讀一本書。

這聽起來簡單，做起來卻不容易。當你真的理解一位作者的生命歷程與他的問題意識時，原本覺得晦澀難懂的內容，會突然變得清晰、有溫度，甚至感動你。

關鍵從來不是速成的技巧，而是一種長期累積、反覆練習的能力。

此外，我也很喜歡書中穿插的生命故事。

像是學生時期，往往因為一句鼓勵或簡單的陪伴，迎來轉捩點，開始努力學習，進而改變了人生方向。碰巧我身邊有許多這樣的教授朋友，他們因為國高中時期的某些啟發，努力向學，最終順利考取第一志願。

如果你是父母、是老師，或是單純關心下一代的人，一定能理解這些關鍵時刻有多珍貴。

懂得早，大器也能早成

適時的引導與啟發，真的能改變一個人的人生軌跡。

最後，我想再說一句：

人不一定總是「大器晚成」，有些觀念懂得早，就能「大器早成」。

愛瑞克帶來的這本《命定之書》，誠懇且厚實。

推薦給你。

本文作者為成大教授，著有《自己的力學》、《先降噪，再聚焦》

推薦序

品味「命定之書」，活成自己心目中的那顆耀眼明珠

郝旭烈

小時候讀論語，老師總是特別告訴我們「友直、友諒、友多聞」，就是在耳提面命我們交朋友的重要性。甚至還不忘帶到「近朱者赤、近墨者黑」的觀念，以及「孟母三遷」的故事，都是一而再、再而三提醒我們，接觸到不一樣的人，就會受到不一樣的影響，也會對我們人生開啟不一樣的路徑。

就像我遇到愛瑞克，就自然而然會從他身上學到投資的智慧、公益利他的價值觀，以及愛書閱讀的美好習慣。

這也是我常常提醒自己的一句話：
沒有慧根，
也要會跟。

人會被環境改變，書卻能讓你主動轉變

《認知破局》的作者張琦老師，曾經在一次演講上提到，我們有時太過於強調自律的重要性，卻忽略了環境的關鍵影響。

她說，只要把自己丟到演藝圈，就會很自然的學著打扮，讓自己亮麗；把自己放在金融圈，就會很自然的學習到投資理財的相關專業知識。

這也讓我想到，當時自己就是因為接近了一些跑步、騎車，和鐵人三項的圈子，也就很自然的開始了這些相關的活動。

既然如此，只要接觸到不同的人，學習身邊的榜樣，加入不同的圈子，就能讓自

己進步。

若是接近不同的圈子，

就會成為不同的樣子。

那麼，我們為什麼還需要「閱讀」？還需要「看書」，甚至還需要找到生命中的「命定之書」？

還記得自己十三歲父親過世之後，整個人生就陷入了極度的低潮。不僅是因為當時覺得家庭的不完整，讓自己感覺自卑且怯縮。更是由於看到母親，從家庭主婦要一肩扛起扶養我們三兄妹的壓力，深覺無法幫上忙而極度自責。

就這樣慢慢、慢慢的，讓自己變成孤僻而且不善於與人互動溝通的一個封閉者。

由於父親過世的時候，是擔任高中教官的職務，所以生前帶過非常多的學生。其中有位大姐姐，是我們鄰居，也是父親的得意門生，更是看著我漸漸、漸漸的變成了一個陰鬱寡言的見證人。她常常遇著我的時候，也不多話，但就是會三不五時的把她看過的好書借我，甚至送我。不管是倪匡、瓊瑤、琦君、小野、席慕蓉或三毛、金庸，她也不挑，我也不嫌。

有趣的是，她就只是每次把書遞給我，或放在我面前，但從來不會問我到底有沒有看。也因為沒有任何壓力，我反而很自在的偶爾東翻西翻她給我的這些讀物，就一不小心地看見了我周遭環境以外，未曾遇到過的大千世界。

甚至大學聯考結束的那天晚上，她還送了一本讓我終身難忘的書籍《卡內基溝通與人際關係：如何贏取友誼與影響他人》（*How to Win Friends & Influence People*）。依照慣例，她又只是給我書，並恭喜我完成聯考，卻也沒有叫我一定要看。

但是，當晚我翻著翻著，就一不小心把整本書給讀完了。我竟然發現，原來人生當中竟然有個東西叫「人際關係」，並且還對生命如此重要。然而，在看完的那個剎那，我才理解自己竟然不具備任何人際關係裡面，應該要有的一丁點良好特質。

我，震驚了。

於是，想起書中曾經提醒的內容，也就是如果不知該如何溝通，或是不知該如何增進人際關係，那麼就從最簡單的動作「微笑」開始吧。就這樣，一個已經習慣撲克臉很久很久的我，竟然開始了長達一個多月，對著鏡子的微笑練習。

然後，進入大學之後，操持著一臉雖然看起來有點生硬尷尬，但卻人畜無害的微笑，意外的竟收穫了源源不絕的友誼。

而這來自四面八方的友誼，一步步幫助我，不僅開啟了社團的創立、餐廳駐唱的生涯、救國團輔導員的試煉，甚至讓我成為國家出訪南非的學生代表。

這一切的一切，都源自於那一抹微笑，以及那一本影響深遠的「命定之書」。

書是看見與連結彼此的光

更令我驚訝與驚豔的是，當我翻開愛瑞克的這本《命定之書》，竟然同時又看到了「卡內基」三個字躍然眼前。

原來，除了身邊的「友直、友諒、友多聞」之外，浩瀚書海裡，擁有更多像「卡內基」一般，跨越時間、空間的榜樣與典範。

閱讀讓我們更多看見，

閱讀讓我們更多遇見。

才知道，在認識愛瑞克之前，我們早就透過「卡內基」的「命定之書」將我們的生命牽在一起。

就像愛瑞克在書裡開頭引述的「一命、二運、三風水、四積陰德、五讀書。」看起來，讀書重要性是排行在第五。

但如果讀書不只是讀書，更是將生命的美好與美好的生命連結在一起，那它的關鍵地位可能就直接躍升到第一了。

就像卡內基之於愛瑞克之於我，甚至是因著同樣價值觀而連結的千千萬萬人。

至此，讀書就會是一種思想、一種信仰，更是一種力量，是一種「生命影響生命」的光亮。

而一本好書，也就會成為你和我，不期而遇且值得細細品味的「命定之書」。

誠摯推薦，你將閱讀的這本好書。讓愛瑞克帶著你我，跟著書中四個里程碑，從理解閱讀的「意義」，到實際閱讀的「學習」，進而感受閱讀應用的「內化」，到最後透過閱讀，一點一滴體會生命的美好「改變」。

相信我們每個人，都可以找到自己的「命定之書」，並活成自己心目中，想要的那顆耀眼明珠。

本文作者為播客「郝聲音」主持人

前言
活出不一樣的人生路徑

古諺有云：「**一命、二運、三風水、四積陰德、五讀書。**」短短十四字，就把我七輩子[1]人生一語道盡。

「一命」。我七歲溺水，差點一命嗚呼。美好的童年剛開始就要結束。

「二運」。幸運在於我父親及時發現，他又很會游泳，跳進湍急的河裡將我救回

注1　中國創業家李笑來在《新生：七年就是一輩子》書中提及：「人生可以分成若干個七年週期，每一週期都是重新定義自我、實現自我的機會。」我撰寫此書時四十九歲，剛好七輩子。

來，用CPR（心肺復甦術）恢復我的心跳呼吸。從此，我珍惜生命。這是為何，在我十四歲被記大過墜入谷底時，我沒有自我放棄，而是積極努力改變自己——這條命是我父親給的（還兩次），沒有他的同意，就不能放棄。只要他慢了一分鐘，你現在是無法看到這本書的。

「三風水」。二十一歲時，台中家裡財務發生雪崩，那年是一九九七，亞洲金融風暴把很多人都捲了進去。我沒有自暴自棄，而是積極尋找翻身契機。恰好那年底嚴長壽先生《總裁獅子心》上市了，我到台中當時的永豐棧麗緻酒店聽他演講，大受啟發，回家馬上把我的PTT帳號暱稱改為「慈善公益要從年輕做起」，命運從此改寫。台中，是我三次重生之地。

「四積陰德、五讀書」。本書第四篇，是我透過閱讀一邊改變自己，一邊幫助別人的軌跡。

以上四百字，即是我的人生縮影。

每個人都有一本命定之書等著他

此書是我過去七輩子的編年史。包含我的人生閱歷，與那些在關鍵時刻邂逅的命定之書。同時我也會破解每年讀一千本書的選書及讀書方法，你將會看到：書如何撐起我整個人生、滋養我的生命。

每個人都有一本「命定之書」在等著他。

一旦讀了，想法因此改變，所做的選擇、行為、習慣也因此改變，自此，活出不一樣的人生路徑。

如何找到屬於自己的「命定之書」？

並非被動等待，而是透過主動選書、提早發現。我小時候很羨慕《亞森．羅蘋》（*Arsène Lupin*）主角身上有一把「萬能鑰匙」，可以打開所有的門鎖——希望這本《命定之書》是你的萬能鑰匙，幫助你跨入任何一個領域進行閱讀，找到屬於你的命定之書。

這本書，是你轉動命運的鑰匙

此書上市初期，我將於各地舉辦「命定之書」交流活動，希望你能帶著自己的命定之書來參加。同時也鼓勵每一位愛書人或讀書會，可以自行舉辦人數不拘的類似活動。為什麼要這麼做呢？

過去每當命運聯手襲擊我，書會來救我——它沉靜優雅的出手，卻在我內心掀起滔天巨浪。我終究成為書的信徒，四十二歲離開職場，全心推廣閱讀，幫助書去撐起更多人的生命，期能報答書對我的再造之恩。

你過去可能也曾受到書的幫助，現在有能力了，便可以為它去幫助更多人。

人生苦短，但是書可以源遠流長。

已故的第一屆國家文藝獎戲劇類得主李國修教授曾說：「人一輩子能做好一件事就功德圓滿了。」我衷心盼望，此書（或是書中任何文字）能夠觸動你（或孩子），激發了對閱讀的熱情與憧憬，自此展開一段閱讀的探索旅程。如此，我這輩子能不能算功德圓滿了？
至少，可以不枉此書了。

自我探問

找到你現在及未來的命定之書

鼓勵你看完全書，再依自己現階段的需要，進一步尋找專屬的命定之書。此外，以下提供另一條捷徑，可以幫助時間總是不夠用的大忙人，縮短自行摸索的時間：

想像此刻的你，站在一個生日蛋糕前，正要許下今年的願望。請在下列十個描述中，勾選你想許下的願望（可複選）：

□ 1. 我希望不為金錢煩惱，及早財務自由。
□ 2. 我希望工作更有成就感與滿足感。
□ 3. 我希望擁有更豐富的人生閱歷、更多新體驗。
□ 4. 我希望增加知識和智慧，成為有思考深度的人。
□ 5. 我希望成為我想成為的人、做我真正喜歡的事。
□ 6. 我希望擁有深刻而真誠的友誼與人際關係。
□ 7. 我希望自己的內在常保和諧平靜、減少焦慮和痛苦。
□ 8. 我希望覺察更多生活中美的事物。
□ 9. 我希望盡一己之力，讓世界變得更好一點。
□ 10. 我希望探尋生命的本質、宇宙蘊含的真理。

上頁勾選的願望，可能是你現階段關注的課題。對應願望編號，你可以翻到本書的頁數，看見愛瑞克面對相同課題時，他所找到的命定之書；或者翻閱附錄的延伸書單，從這些書中，有更高機率遇見你的命定之書。

願望	本書頁數	延伸書單
1	翻開108頁，思考你與金錢的關係	《有錢人想的跟你不一樣》、《思考致富》、《納瓦爾寶典》、《窮查理的普通常識》、《蒙格之道》
2	翻開99頁，尋找工作的意義及使命	《總裁獅子心》、《從0到1》、《執行長日記》、《先降噪，再聚焦》、《張忠謀自傳》、《賈伯斯傳》、《極限賽局》
3	翻開145頁，拓展人生視野	《先知》、《天長地久》、《不被大風吹倒》、《解憂雜貨店》、《零與無限大》
4	翻開126頁，建立思維及決策框架	《窮查理的普通常識》、《內在原力》、《原力效應》、《高手思維》、《給未來的讀者》

5	翻開272頁，打造自己的理想人生	《你要如何衡量你的人生？》、《內在成就》、《總裁獅子心》、《你願意，人生就會值得》、《重啟人生》、《世界盡頭的咖啡館》
6	翻開95頁，贏得長久的友誼	《卡內基溝通與人際關係：如何贏取友誼與影響他人》、《小王子》、《與成功有約》、《生活是一場熱情的遊戲》、《內在原力》
7	翻開131頁，找到心理內在的力量	《當下的力量》、《捨得，捨不得》、《朝一座生命的山》、《生命中最大的寶藏就是你自己 Stand by Yourself》、《先放手，再放心》、《淡定的智慧》、《薩古魯談業力》、《流浪者之歌》
8	翻開150頁，滋養精神與靈魂	《雲淡風輕》、《江賢二：以美淨化人心》、《捨得，捨不得》、《激流與倒影》
9	翻開124頁，發揮影響力	《內在成就》、《之間》、《請問侯文詠》、《一期一會的生命禮物》、《要有一個人》
10	翻開141頁，發現世界運作的底層邏輯	《人類大歷史》、《人類大命運》、《21世紀的21堂課》、《新時間簡史》、《宇宙教我們的人生課》、《星際效應》

一本書，真能改變一個人的命運？

沒有一個靈魂是卑微的，書也是；

再怎麼不起眼的書，都能幫助到一個靈魂。

只要你喜歡某本書，它就可以是你的命定之書。

第一篇　意義：

命定之書，
書之定命

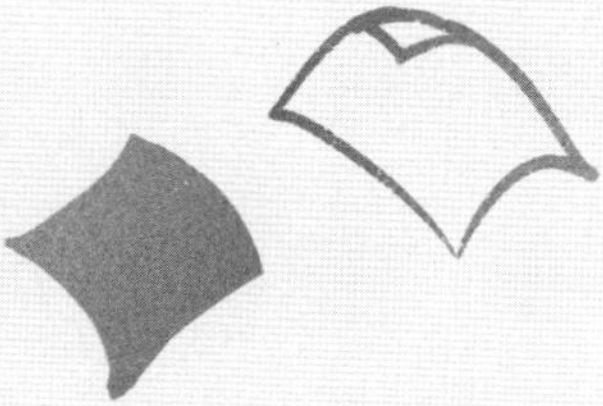

第一章

每個人一定有一本「命定之書」

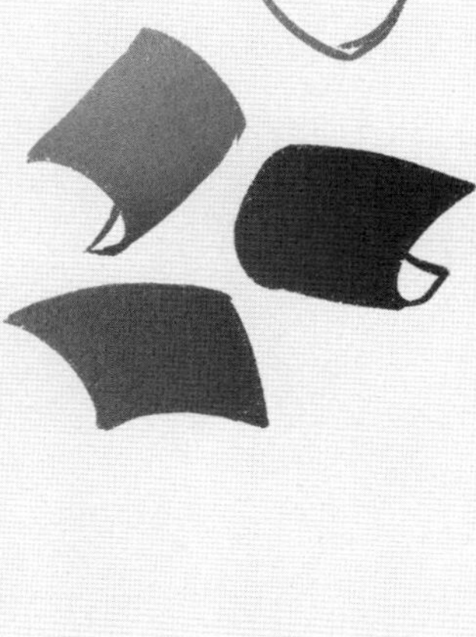

命定之書，是影響一個人一輩子的書。

一個人如何遇到自己的命定之書？讓我先舉一個實例：已故的史蒂芬・柯維（Stephen Covey），是美國著名的作家、教育家和商業顧問，在個人發展與企業組織管理的貢獻負有盛名。他曾在一所學校的圖書館隨興翻閱，讀到一本書，受到一段文字的啟發，成為他撰寫《與成功有約：高效能人士的七個習慣》（*The 7 Habits of Highly Effective People*）的根基。這段文字是：

> 刺激與回應之間，始終有段距離，而成長和幸福的關鍵，就在於如何利用這段距離。

後來，《與成功有約》成為了自我管理和領導力的經典之作，暢銷全球超過兩千五百萬冊，改變了許多人的生命。可惜，多年以後柯維受訪時，已不記得那本書的確切書名。

那一本不知名的書，成了柯維命定之書——他與許多讀者的生命受到影響，改變了一生路徑。柯維巧遇一本書的機緣，成了數千萬人生命改變的起源，因緣際會的瞬間，像極了宇宙。

科學界目前的共識，宇宙起源於一百三十七億多年前的「大霹靂」（Big Bang）。從一個「奇異點」（Singularity）瞬間爆炸、迅速膨脹，成為今天一切物質與能量、空間與時間、你和我。科學家們只能透過觀察，推論曾發生宇宙大爆炸，但無法知道確切發生原因，或許只有天知道。

人類想要理解宇宙的起源已花了幾萬年。感謝現代科學家們，有如幾萬個福爾摩斯（Holmes）聯合辦案，才把許多線索漸漸串連起來。

史蒂夫．賈伯斯（Steve Jobs）曾說：「你無法預先把點點滴滴串連起來，只有在未來回顧時，你才會明白，那些點點滴滴是如何串在一起的。」一個人一生的路徑，唯有在人生最後回顧時才能看清楚。過程中，每個人是摸著石頭過河——未知的時空之河。

書，是某些人的救贖。以書為基石，他們勇敢渡河。

人生很短，書的生命很長

在我就讀台大商研所時，曾經啟蒙過我的恩師翁景民教授因肺腺癌在二〇〇二年三月辭世，享年四十三歲。在他人生最後階段，手捧《聖經》，在病床上告訴學生們：「唯獨祂是我的磐石、我的拯救；祂是我的高台，我必不動搖。」（詩篇六十二篇六節）

那一刻，我深深體會到，一本書對一個人的一生如此重要。

我大三時，因為旁聽翁教授在企管系開的「消費者行為」課程，讓我對商業世界產生憧憬。他的一句話：「期許十年、二十年以後，自己的一顰一笑能撼動全亞洲。」撼動了我，決定要報考台大商研所。只可惜，我還沒畢業，他就先離開了我們。

然而，他的言行啟發了我，讓我在畢業前夕寫下一篇〈百年聖家堂〉，多年之後才知道，那是我成為一位作家的起源。

《聖經》影響翁教授，又進而影響我。我後來寫了十多本著作，又影響不少讀者——這是極為緩慢漸進的過程，像一顆種子被埋下，隨著時間發芽、慢慢長大。

人的生命很短暫，但是書的生命很長。《新約聖經》流傳至今將近兩千年；《舊約聖經》則有三千年；而《道德經》和大多數的佛經也傳了兩千多年。它們像是知識大爆炸的起源，如今，我們有數不完的書可以選。

一個人受到一本書啟發稱為「啟蒙」，經過漫長歲月的發酵，產生一連串的放大效果，多年之後，才會發現其影響之巨大可觀。所以，是先有「啟蒙之書」，後來才發現它竟是「命定之書」。

有如在生命關鍵時刻出現的貴人，改變了我們的命運。書陪伴你一陣子，而你會想念他一輩子。

若從時間軸的尾端倒回去看，像是一個人的命運大轉變，起源於翻開某一本書的瞬間，所以是「書之定命」。

一本書，會不會被一個人翻開？

有如某種機率分布，在天時、地利、人和之下發生。就像量子力學著名的「薛丁格的貓」思想實驗，在打開那個箱子之前，裡面的貓有可能是活的，也可能是死的。唯有打開的瞬間，量子的疊加態「塌縮」成某一確定態，要有觀測者才能確認——是觀測行為決定了最終狀態。

你翻開了手上的這本書，為什麼？

或許是基於好奇、遇到問題、好友推薦、網路熱搜、暢銷書榜；也可能純粹巧遇，如傳說中的機緣（例如在行經某間寺廟時，有一位老人遞給你一本結緣書——我真的遇過），你就是翻開了它。

我不會將這些機緣巧合歸結於宿命，因為那樣想，等於是把自己的人生主控權交給了外力。我撰寫此書的目的，即是要分享如何主動採取行動，增加遇到好書的機會，藉此改變自己的命運。

一本書，真能改變一個人的命運？

唯有書被翻開之後，有了觀看行為才能決定。你是開箱「薛丁格盲盒」的人，也是被自己決定命運的貓。（話說作家肥志有一系列斷代史很暢銷，他寫的歷史裡全部都是貓，果然有些哲學道理啊！）我的命運確實被書改變，在這本書中，你會看到許多的例證。

至於，一個人會不會遇到改變自己一生的好書？

或許天知道，但機會可以主動創造——去翻開很多書，這你一定能做到。當你主動翻閱更多書，就創造了更多機會，讓量子的「疊加態」塌縮往好的方向，累加的機率就會提高。只要你願意，隨時都可以開始。

一定要為自己的人生負全責，因為到最後，所有啟發過你的師長與前輩，甚至你所有讀過的書籍作者可能都不在了。看著人生跑馬燈，回顧自己的一生，是只播放給你一人看的——你即是自己人生剪影的創作者。

本書第二篇，是我人生編年史，開頭的十四年，除課本外我幾乎沒有閱讀其他課外書，沒想到後來我的閱讀量以指數型增加，現在成了每年閱讀一千本書的愛書人。

閱讀會產生複利效果，我後面這二十年開箱的「薛丁格盲盒」很多，見過的「貓」快要比認識的人還多。

我用書填滿了自己的歷史，你打算用什麼來填自己的歷史呢？

詩意、失意與失憶

美的文學作品、藝術品，都帶著詩意——以最精煉的筆墨、最小的篇幅，為欣賞者創造出最大的想像空間。詩意有一種超越表層意義的美感與韻味，它能喚起情感、想像，並引發來自生命體驗的共鳴，讓人回味無窮。

本書前言只用略帶詩意的四百字（也可說十四字），就把我人生前半場起承轉合一次寫盡，而且還從「ㄥ」韻，悄悄轉「ㄧ」韻。人生若能如詩如畫、悄悄轉運，該有多好。

至於「失意」與「失憶」，就不好嗎？

我在十四歲、二十一歲都陷入生命谷底，那是我轉運的契機。少了這些機遇，我就少了生命的強韌和張力，也就無法從內在產生力量，並把這些力量帶給別人、幫助更多人。**這些失意，是我人生中最大的寶藏，少了它們，我做不到。**

有關「失憶」，在我寫人生編年史的時候，有幾段歲月還真的失憶了——大概集中在我二十八至四十二歲，長達十四年。明明是我工作最認真的時候，偏偏要回顧時，怎麼想不起來？是時間在烤我吧，有些地方沒熟，有些燒焦了——工作最認真那幾年，一定是焦掉的那部分。我明明工作十六年，竟然有十四年是焦掉的！好在有輪調到美國的半年，夠我當一輩子來寫。

後來，我讀了很多心理學書籍才漸漸明白，人的記憶不是線性的，有時彎彎曲曲的有如皺褶，記憶深刻；有時候一成不變，就會自動被覆蓋；有些你想都不願多想的回憶，像是斷片。難怪，愛因斯坦的相對論說，時空不是線性的，可以彎曲。

從這個角度來看，適時失憶是好的。把生命中那些不想回憶的部分，直接剪掉，這樣包袱輕省，不也挺好？傳說有一種「孟婆湯」，喝了再上，就可以忘記前世所有事情，一切雲淡風輕。但我不用等來生，用寫書當作我的錄音帶，不想回放的部分，直接剪掉或覆蓋就好——這叫選擇性失憶，人人都可以！

說到底，我沒有刻意美化人生、醜化職場（不需要醜化吧，別人都說：「如是如是」[2]；但我職場遇貴人，善哉善哉），而是想要寫的太多，不知從哪裡先寫起，所以我總是先謝天，再感謝貴人，然後把共同的年代記憶先寫起。

我的「人生編年史」，有一點詩意，加上幾次失意，再剪掉幾段失憶，就成了這樣子——老派少男的寫作路線。以經典好書為主食，當代潮流做配料，用七七四十九歲的老手來爆炒，晶瑩剔透時起鍋，老友饕客全上桌（我把老友寫進書裡，變成料理自是合理，若有遺漏請私訊我）。

每本書都有其意義

閱讀，對於不同人來說，有著截然不同的意義。**對於渴求知識的人來說，書是一**

座水庫，足以灌溉他荒蕪的人生；對於陷入情緒深淵的人來說，書是一條繩子，拉住了一條瀕死的靈魂；對於時空的探索者來說，書是一扇門，開啟了一片未知的宇宙。

對我來說，以上皆是。這三種量子疊加態，在我的人生編年史裡，全部出現過！

二〇二一年底，我以《內在原力》獲選為金石堂「年度風雲人物：星勢力作家」。頒獎典禮那天，我上台領獎同時發表得獎感言。開頭這樣說：

> 請在場的各位幫我一個忙，可不可以告訴我，從頒獎台（我指著典禮的舞台）到收銀台（我再指向書店的櫃台）之間有多遠？（聽眾們突然被這怪問題給問茫了，開始目測兩點間的距離）二十年！二十年前我還是對面的台大學生，很常來這家金石堂看書，但我沒有錢買書，所以那個結帳櫃台離我很遠。

注2　記載在禪宗公案，六祖惠能講過一句「如是如是」，意思是「就是這樣，就是這樣」。我想，職場裡或許也有很多「公案」吧。

在那二十年之前，受到產業外移的大環境影響，我爸爸經營的工廠永久停業。我台中的家也因為繳不出房貸，被法院拍賣。一夕之間，我成了無家可歸的人，金石堂汀州店，成了我在台北的避難所。

每天早上十一點書店開門，沒課時我就悄悄進去，找一個沒有人會注意的角落，窩在那裡看書，午餐也省下來。直到晚上，又累又餓才離開，在旁邊的公館夜市買三顆二十元的生煎包，當作晚餐。

我有一段漫長的歲月，日子就是這樣度過的。我沒辦法交女朋友，甚至沒辦法參加班上同學邀約的聚餐，其實，我哪裡也去不了。因此，我萬般感激金石堂，是我的天堂；書店裡的書，是陪伴我走過荒蕪人生的甘露。

書店庇蔭了所有漂泊異鄉的文藝青年，用書拯救了他們的靈魂。我曾是在書店角落被救的窮困少年，如今我有一點點能力了，就把寫書的版稅拿來捐給偏鄉、貧窮的孩子們。儘管不自量力，但我忍不住要去做——因為幫他們，等於幫了當年的自己。

一個人成為了自己希望遇到的人，這即是自我實現，是至高的內在成就。

不只是我，我發現被閱讀拯救的人很多，包含歷史上多位名人，還有當代許多傑出人士。例如，中國首位獲得諾貝爾文學獎的作家莫言，他曾在散文集《不被大風吹倒》談到影響他最深的一本書：

我一生中遇到的第一個艱難時刻，是童年輟學。當時與我同齡的孩子都在學校裡，他們在一起學習、玩耍，而我孤零零的一個人放牛、割草，十分孤獨。幸好在這個時候，我得到了一本《新華字典》。我當然也希望能閱讀很多的經典作品，但當時的農村書很少，誰家有本書都視若珍寶，不輕易外借。只有這本《新華字典》是屬於我的。

他小學五年級的時候，就因家境窮困而輟學。那一本字典，成了他輟學之後學習漢字的主要依靠，不僅陪他度過了艱難的童年時期，更是他後來提筆寫小說的重要基礎。《新華字典》即是他的命定之書，是一本工具書又如何。

每個人的命定之書大不相同，而且可能不只一本。**在人生不同階段，都可能出現大幅改變人生路徑的書。每一次轉折，都由一本命定之書引路。**

沒有一個靈魂是卑微的，書也是。再怎麼不起眼的一本書，都可能幫助到一個靈魂。只要你很喜歡一本書，它就可以是你的命定之書，不用別人同意。

我曾在一萬多人的臉書社團徵求社員們分享自己的命定之書，以及選擇它的原因。結果，大家所選的書名各自不同，原因百百種。有些書看似平凡無奇，卻令他們深深懷念。

作家洪培芸（她也是一位知名臨床心理師）說：

我高中時就閱讀西蒙波娃（Simone de Beauvoir）的《第二性》（*Le Deuxième Sexe*），幫助我能更早的自我和女性覺醒。如今回想，這對於多年後我面對離婚時的抉擇，那份骨氣、獨立與勇氣，是有幫助的。雖然小時候的我，壓根想不到未來會結婚，及更後來會離婚啊！

事後回顧時，我們才能清楚明白，一本書對於自己的意義有多大。有時遇到一本書的當下，不知道未來會如何需要它。

人的命運是可以改變的嗎？我深信是可以的。人生中充滿各種變數，也因為這些變數帶來了無窮的變化性，懂得積極把握的人，便能創造出屬於自己的機運。**一個人若認為命是注定的，把生活中的所有無能為力，統統歸給了宿命，那麼原本生活中的變數，就會逐一退化成為「常數」，人生也就成了「定數」**。

出身背景或所謂命盤，是我們的起點，每個人都有努力的空間，從變數中去做出最好的決定。倘若你完全放棄努力，那麼命運也大致底定。自我放棄的躺平族，終究會如願獲得永久躺平，化為宇宙塵埃；積極把握人生的人，即便在有限的歲月裡，也能發光發熱，像一顆恆星，閃耀動人。

吸收能量，就能突破人生現狀

黃瑞仁是導演、作家、創業家，也是各大學兼任講師、竹科許多公司的講師及顧問，他寫給我的幾段話，我深感共鳴：

我們都曾在化學課本學習到，元素週期表裡面所有的元素，皆由原子組成。原子是由帶正電荷的原子核，和帶負電荷的電子構成。電子可以在不同的軌道間發生躍遷，電子吸收能量，可以從「低能階」躍遷到「高能階」，或者從「高能階」躍遷到「低能階」，因而輻射出光子。當電子從能階上遷移，也會改變原子的本質，進而影響元素的性質。

化學課本帶給我們的，除了理工知識外，還有一個重要的意涵：當電子吸收能量，便可以突破現狀，遷移到不同的能階位置，進而改變整個原子和元素的表現。如果科學呈現的是宇宙間不變的真理，那運用在我們的人生身上，不也是一種生活科學：透過吸收不同方式的能量，改變我們的原本現狀。

如果，你不滿意生活現狀，何不嘗試「吸收能量」，改變現狀？這個能轉化成力量的能量，可能是一個人、一件事，也可以是一本書。

原來，真理貫穿整個宇宙，也適用在我們的人生。積福造命，是有科學基礎的，過去、現在、未來環環相扣，都可以改變。

一條鎖鏈從前面提起來，或從後面提起來，它都是提升的狀態。在佛教的觀點中，只要有一天你開悟了，就是開悟者，自然獲得解脫。過去所有發生的事情，都是幫助你開悟的因緣；所有傷害過你的人，成了你的「逆增上緣」。

當一個人獲得了能量，提升自己，所處的高度不同了，視野和觀點必然不同，也因此改寫過去一切人事物帶來的意義。

我即是改寫自己歷史的實例——把原生家庭的經濟困境，改寫為奮發向上的強大動力。二〇二一年年底，我和多位愛書人一同舉辦「內在原力繪畫比賽」，好多孩子們投稿參賽，最後選出三十件小學生佳作，以及三件金、銀、銅獎；還有國中生佳作與三件金、銀、銅獎。

隨後，在我全台各地的實體演講中，邀請這些得獎的孩子們跟爸媽一起參加。每每在我演講最後，請這些孩子們到台上展示作品，全場給予熱烈掌聲的那一刻，台上孩子們的眼睛總是閃閃發光，台下爸媽們則淚溼了眼眶。

那一刻，我就知道自己確實影響、幫助了孩子們。我小學的時候，曾經是被導師鼓勵，代表班上參加繪畫比賽的人——現在我做著相同的事情。

一個孩子在小的時候，若受到他人的幫助，心生感激，他們長大以後，就更可能會做出相同的事情，去幫助別人。**愛與善的種子愈早植入心中，隨著時間長大，他們的生命就會變得更不同，他們的內在力量會更加巨大。**

書改變了我的生命，也讓許多孩子受到肯定、獲得自信。我改寫自己學生時代歷史的同時，說不定也幫助了一些孩子改寫了他們的歷史。我們都是自己人生的作者，也是他人的協作者。

將時間倒回二十年前，那一位金石堂書店角落的貧困少年如果選擇自我放棄，沒錢買書就不讀書了，那麼後來這一切美好的事物，也就不會發生。

如何透過閱讀積福造命，本書第四篇會再深談。

運氣，隱含在你的言行之中

很多人誤解了命運，以為是天注定。這樣的想法太過悲觀消極，將使得一個人對自己的人生失去主控權，交由外力去支配。到人生最後，就把所有的不如意全都怪罪給命運，如同瑞士著名心理學家卡爾·榮格（Carl Jung）所言：「除非你將潛意識中的東西變成有意識的，否則它將主導你的生活，而你會稱之為命運。」

我大量研讀人物傳記，發現每個人最終的結局好壞，由運氣決定的成分少之又少。因為即便發生同一件事情，每個人所做的選擇不同，便會走向不同路徑，有如無限多重平行宇宙。

選擇（決策）的品質，決定了人生的品質。而選擇又是思維所決定的，思維才是行為的基礎、一切的開端。再回顧一次改變柯維的那段話：「刺激與回應之間，始終有一段距離，而成長和幸福的關鍵，就在於如何利用這段距離。」一個人的選擇，是自己決定的；一個人的幸福，也是。

維克多・弗蘭克（Viktor E. Frankl）在其著作《活出意義來》（*Man's Search for Meaning*）描述了他在奧斯威辛集中營的經歷，剖析人們在極端環境下的心理與行為。他觀察到，集中營中的囚犯面對自由剝奪、飢餓、疾病與死亡威脅時，反應各異。有些人陷入絕望，失去求生意志，最終精神崩潰或死亡；而另一些人卻能在絕境中找到內在力量，堅韌的活下去。

他發現，**生存的關鍵不在於外部條件，而是內在態度**。

那些能找到意義的人，往往更能忍受折磨和痛苦，無論是對未來的希望（如與親人重逢）、對自身價值的信念、超越苦難的理解等等都有幫助。例如，他提到自己如何在勞動中想像與妻子對話，或構想戰後的演講，這些精神活動成為他的生存支柱。

他向這個世界傳達了一個重要觀點：「苦難本身並無意義，人可以通過選擇如何面對苦難來賦予它意義。」

二〇二五年二月初，台北國際書展有一場論壇，是知名作家、主持人蔡康永與日本小說家吉本芭娜娜的對談。當時因逢藝人大S因病去世，蔡康永在對談過程中數度落淚（因為他們之前曾一起多次合作主持節目，友誼深厚），現場聽眾哭成一片。吉本芭娜娜說：

常常看到人上了年紀不免會經歷很多事，或是失去很多人，好像沒什麼好事。但現在我轉念這麼想——覺得生命中的所有相遇都會在心裡開出花朵，然後愈來愈繁盛。

這樣的觀點，即是從生命的不斷遭遇與失去當中，找尋到了屬於她自己的意義——不需要任何人同意。就像弗蘭克的觀點，你是否同意都不影響他。

他們都找出了自己可以應對一切苦難的意義感，這是一種示範，讓我們找出屬於自己的意義感，也不需要別人同意，你就可以完全決定。

一旦你能找出屬於自己生命的意義感，那麼無論任何事情發生，都無法阻擋你最後獲得人生幸福圓滿。

當你找出了生命的意義感，你會遇到的苦難和挫折並不會比其他人少，但你已經能選擇妥善的回應，而不讓事情本身來主導你的情緒。擁有生命意義感的人，總是更能在天災人禍降臨時支撐自己安度難關；也更能鼓舞其他人走出黑暗、迎向陽光。

我常聽長輩們說：「人在做，天在看。」

我更相信：「人在做，人在看。」

別人怎麼對你，有一半以上是你引起的。你的運氣，隱含在你每一次的言行之中。你如何待人處事，是你自主決定的，運氣有一半以上是你能掌握的。

是不是人都要隨著歲月流淌，經歷過人生重大挫折或磨難，才能湧現出這樣的體悟？未必，書可以幫助我們縮短時間。許多作者將他們的人生體會濃縮在一本書，讓我們透過書去體驗。從歷史上的偉大人物，到現在各行各業的傑出人士，其言行思想都被寫成了書，只要你願意翻開這些書，就可以用他們的視角，看這個世界；藉由他們的體驗，縮短你靠自己或靠機運去碰撞的時間。

有些書即便不是真實事蹟，而是虛構小說，都能透過故事，傳達某種理念或人生哲學，更容易突破現實的限制，深深穿透讀者內心、達到啟發之目的。例如，洪培芸寫過一篇《《解憂雜貨店》提醒我的三個人生道理》，獲得上萬讀者熱烈迴響。其中有一段是這樣寫的：

來自未來的信就如同預言，但是預言並不重要。重要的是你怎麼選擇，以及選擇之後你是消極怠惰還是積極努力，才會造就你現在的成果。在選擇同時，你的心中必須有一把尺，去衡量利弊得失，優劣勢評估，還有是非對錯。簡言之，你必須擁有自己的中心思想。沒有中心思想，那麼再好的建議也可能被當成詐騙；沒有中心思想，再糟的建議也可能被當成信仰。

《解憂雜貨店》是一本虛構小說，「來自未來的信」也不會在真實世界出現。然而，這無礙於此書啟發了數以萬計的讀者，認真活出更有意義的人生。原來，小說是我們一生的寓言！

閱讀，創造出讀者心中的一把尺，靠著這把尺來丈量世界，以及往後人生將遇到的所有一切。

書能幫你抵達的境界

書可以幫你抵達的境界，遠遠超過你所能想像的範圍。菩薩寺的慧光師父說：「人人都是佛，但是人人都不知道自己是佛。」我們的心，廣大如海，只可惜，許多人卻活成了海浪。他們不知道自己是海洋，卻在情緒的浪潮裡，吞沒了自己。其實，有人可以救你，書也可以。

如果你曾經見識過活成海洋的人，而且與他親近互動，你就會發現，原來我們一樣都是人，卻活出了千萬種不同人生。只要有心，勤奮不懈，持續精進，人人終究都有機會，達到超凡入聖的境界。

有些偉大的心靈，在我們出生之前他們已經去世了，我們來晚了。所幸，他們靈魂的意識，以文字的形式烙印在書本上，讓我們可透過閱讀接觸到他們。讀書、讀人、讀靈魂，是同一件事情。他們並沒有真正離開，而是繼續以不同形式，活在許多人的心中，持續散發著影響力。

我在碩士班二年級的時候（二〇〇一年）創立了TMBA這個跨系所的組織，隔年，將領導社團的責任交棒給下一屆學弟妹，以「一年一任」傳下去。我在二〇〇二年六月號的TMBA月刊上，最後以發行人的身分撰寫了一篇〈百年聖家堂〉。以下節錄其中一部分：

這個月初，《聯合報》上的一小塊版面引起我注意。上面刊載了西班牙建築師高第（Gaudi）的跨世紀建築「聖家堂」（Sagrada Familia, 1882～）一百年慶祝，在打上各式燈光和煙火的照耀下，聖家堂格外耀眼燦爛。而我深深讚嘆的，不是聖家堂百年的歷史，而是高第的遠見。

聖家堂從建造至今已經跨越了過去一個完整的世紀，而還沒有完成。高第在生前所寫下的建築藍圖，目前仍然由後代追隨他的建築師們用一磚一瓦，不停的建造著。按照目前的進度，或許還要一百年後才會完成吧！[3]

一年多前（二〇〇〇年），我曾在一位建築師家裡收藏的典籍當中，親眼目睹聖家堂建築藍圖的複本。當我凝視著這份精緻而細膩的藍圖，又看到聖家堂建造中的實地照片時，馬上有一股擋不住的悸動，讓我流下淚來。因為，目前的建築就和藍圖上一模一樣，只不過是完成了幾分之一。

寫下了藍圖，建築卻要在兩百年之後才能完成，需要的不僅僅是設計能力與建築技術，而是遠見，因為一定無法親手完成，勢必要後人一代接著一代、經歷好幾個世代來完成。

打造你的理想，為自己寫下人生藍圖，像個建築師高第。

TMBA創立至今，已近四分之一世紀。這個組織並沒有隨著我的離開而沒落、消失，反而經過時間的淬煉益發壯大，人數持續增長。在二〇二〇年COVID-19疫情肆虐下，改為線上招生，從此每年入社的新生人數高達三百人至七百人。

那篇〈百年聖家堂〉目前僅能在我的電腦D槽「舊資料備份區」，找到Word 97格式的原稿電子檔。我料想，只要任何一次電腦汰舊換新，而我忘了備份，這一篇文章就永遠消失了。然而今天我把它寫入書中，它就有機會得以永恆。

人生苦短，我們做不到的，書做得到。人會來，就會離開，但是影響力可以留下來。

有一部知名電影「可可夜總會」（*Coco*），傳達了墨西哥「死亡不是終點」的哲學：靈魂的存續依賴於生者的記憶，只要人世間有人記得我們，靈魂就永不消逝。當今有不少的信仰，也認同人類具有靈魂，而且不會隨著肉體的死亡而消失。

注3　由於工程技術不斷進步，完工的時間也因此縮短。後面提到兩百年，實際上僅需大約一百五十年。

書籍扮演了流傳故事、傳承記憶、延續影響力的重要媒介。英國文學家山繆・詹森（Samuel Johnson）在《漫步者》（*The Rambler*）中寫道：「書籍是思想的儲存庫，能將智慧傳遞給後代，而人的生命卻轉瞬即逝。」

或許，有些人會擔心出版業沒落、紙本書走向末日，那麼永恆的希望不就破滅了嗎？我想這些擔心是多餘的，生命自己會找到出路。「書」若不靠紙張，也可以透過電子書、有聲書、雲端大數據、人工智慧等媒介，以不同的形式繼續存在——它們的壽命都比人類更長久。

近十年來，基於市場的分眾更加多元化、細緻化，在台灣出書的門檻緩步在降低。我衷心期盼，每一位愛書人在一生中能寫出一本書，把自己人生的體悟濃縮在書中。世界上總有一群和你相同背景的人，需要借鏡你的經驗——不一定要最厲害的人，而是走過相同路徑的人。

不要直接否定自己寫書的機會。先要有願，行願踏實，等到因緣俱足，資源就會整合起來讓它實現。

這個世界太大，大到需要很多種不同的說法，才能滿足不同層次的需求。即便同一個真理，也需要不同的人來說，才能讓對方聽得懂。例如《金剛經》是佛說給菩薩們聽的，一般人要直接看懂，有其難度——因為我們不是菩薩。佛指導菩薩，菩薩指導聖人，聖人指導凡人，這是更有效率的方法。

李惠貞在《朝一座生命的山》寫道：

> 佛本來就沒有要世人把祂當神來崇拜，祂希望人人皆可成佛。……很多時候，我們都習慣性的想找依靠，找一個祈願的對象，換個說法，我們希望有人能為我們的人生負責。然而這種想法只會讓我們更怯弱，更無法自主掌握自己的人生。因而佛說要去找自己的答案，並不是不慈悲，而是真正的慈悲，因為祂知道唯有如此才能幫助每個人成佛，不僅自己活得有力量，也可以把力量帶給別人。

只要你願意，先從寫一篇文章開始，日積月累，總有寫書的機會。每一位作家，都是先從寫出一篇文章開始；如果不會寫文章，那就從寫一篇簡單的讀書心得開始。

人人都可以是作家，但是很多人都不知道自己可以成為作家，我就是。寫下〈百年聖家堂〉的時候，我只是一個學生——當時窩在書店角落，那個喜歡看書但是沒錢買書的窮困少年，從沒想過後來會成為一位作家。即便如此，我還是不自量力的寫了書，也把這股勇氣傳給你。當你寫出一本書之後，人生必然會大不同，它也將成為你的命定之書——有如《與成功有約》也是柯維的命定之書、《內在原力》也是我的命定之書。一個人的靈魂與他的著作，會彼此交纏、相互成就彼此。

同時，我也是一位讀者，衷心期盼每一位讀者和我一樣，都為自己人生負全責。**機遇的起源，就從翻開一本好書開始；改變家族的命運，就從養成閱讀習慣開始。**

你可以抵達的境界，遠遠超過你能想像的範圍——因為書會幫你。

第二章

讀書、讀人、讀靈魂

讀書、讀人、讀靈魂，對我來說是同一件事。

「知識就是力量。」（Knowledge is power.）是文藝復興時期的法蘭西斯・培根（Francis Bacon）名言。他在一五九七年出版《隨筆集》（*Essays*）裡面的〈論讀書〉是影響四百多年來閱讀史上重要的經典之一。他認為，讀書有三個主要目的與好處：

- **娛樂（Delight）**：讀書能帶來愉悅，適合閒暇時放鬆。
- **修飾（Ornament）**：閱讀提升談吐與氣質，適用於社交場合。
- **增能（Ability）**：讀書增進判斷與實踐能力，幫助處理事務。

這三者並非孤立，而是相輔相成。這些定義沿用到今天，依舊是那麼強而有力！

我試著將目前各大書店常用的圖書分類（圖書館則略有不同），大致上可對應如下：

- **娛樂**：飲食、旅遊、文學（包含小說）、藝術設計、生活風格。

・**修飾**：文學（包含小說）、藝術設計、生活風格、人文社科、宗教命理、心理勵志、商業企管、語言學習。

・**增能**：人文社科、宗教命理、心理勵志、商業企管、投資理財、醫療保健、自然科普、語言學習、親子教養。

一本好書，也可能同時具有娛樂、修飾、增能三種功能。然而，我認為有一個很重要的關鍵必須先提出來探討——書與人、靈魂的關係。

書，是作者靈魂的印記

人們對靈魂的觀點，差異非常大。四百多年前文藝復興時期，人們的靈魂觀更與現在大不相同。直到十九世紀後，隨著科學的進步（特別是生物學和心理學），靈魂的概念才逐漸演變到現代觀點——卡爾・榮格扮演了重要角色。他在《心理類型》

（*Psychologische Typen*）等作品中，將靈魂視為人類深層心靈的一部分，提出「集體潛意識」概念，讓靈魂有了更廣泛的文化和象徵意義。之後，靈魂的概念逐漸被「意識」取代。

看這本書時，你可以將「靈魂」與「意識」兩個字詞相互取代。至於一個人的靈魂或意識，在肉身死亡之後，是否繼續存在？這並非此書探討的重點，因為書會延續一個人的言行影響力，持續流傳下去。

一本書的作者，以他的意識驅動了一支筆（或一台印刷機器），透過油墨以文字的形式印到紙上（或電子書上的文字、有聲書中的聲音等等），等於是透過紙或其他載體，為自己的靈魂留下了痕跡，我們可以稱之為「印記」（Imprint）。一本書呈現出一個人的意識，是靈魂留下的印記。

當我們翻開一本書，讀裡面的文字，便是在觀看他的靈魂所留下來的印記。如果一本書，能讓讀者充分融入到作者的視角，去看、去感受這個世界，那麼讀者便融入到了作者的體驗中。

美國作家喬治・馬丁（George Martin）曾說：「一個閱讀的人，在臨終前經歷了一千個人生。從不閱讀的人，只經歷一個人生。」（A reader lives a thousand lives before he dies. The man who never reads lives only one.）這就是最好的詮釋。

厲害的作家，都能讓讀者充分融入到作者的體驗中，尤其是偉大的小說家。他們能夠透過細膩的筆觸，創造出人物性格的立體感，以及感官知覺的臨場感，讓讀者彷彿置身其中，有如當事人。甚至可以讓讀者在放下書本後，說話和思考還會受到該書的影響，有可能長達幾天、好幾個月，甚至長達一輩子。

作者與讀者，在一本書被閱讀的過程中，完成了靈魂的混血。舉一個實例，莫言在《不被大風吹倒》書中談到，影響他最大的一個人，是他的爺爺：

> 我們車上的草被颳到天上去，我被風颳倒在地，雙手死死的抓住了兩叢根系很深的牛筋草才沒有被風颳走。我看到爺爺雙手攥著車把，脊背繃得像一張弓，他的雙腿在顫抖，小褂子被風撕破，只剩下兩個袖子掛在肩上。爺爺與大風對抗著，車子未能

前進，但也沒有後退半步。大風過去了，爺爺還保持著這個姿勢，彷彿一尊雕塑。許久之後，他才慢慢的直起腰，他的手指蜷曲著都伸不開了。爺爺與狂風對峙的模樣，永遠印刻在我的腦海裡。

莫言說，後來每當他遇到艱難時刻，只要想著他的爺爺，就能帶給他力量。他光是用上面短短的幾行字，我就能充分感受到他爺爺堅毅的力量，體會到那個身軀之內，住著一個永不退縮的靈魂。

當我在讀莫言的其他著作時，也會感受到他身上有著同樣力量——或許來自他爺爺靈魂的印記，傳到了莫言身上。這並不單純只是祖孫之間的血緣關係造成的，因為在許多人物傳記中，也都能看到他們受到其他師長或前輩的影響，而成為了後來的他們——即便沒有任何血緣關係。

或許，身為讀者的你也感受到了那一股力量。你、莫言和他爺爺並沒有任何關係，卻能感同身受。**傑出的作家能夠透過文字，讓讀者產生共鳴，這稱為「移情作**

用」——作者營造出一個場景，讓你聯想到了自己過去的某一段經歷，與書中的文字恰好相應。當這種「移情作用」出現的時候，你的意識振動頻率就跟作者一樣，進而產生共鳴。莫言描繪的是他爺爺，但你能夠把自己帶入場景裡面，看到你的爺爺，或其他長輩。

當我們閱讀《傲慢與偏見》（*Pride and Prejudice*）、《百年孤寂》（*Cien años de soledad*）、《悲慘世界》（*Les Misérables*）、《老人與海》（*The Old Man and the Sea*）、《大亨小傳》（*The Great Gatsby*）、《小王子》（*Le Petit Prince*）、《挪威的森林》（ノルウェイの森）這些名著時，也很可能感受到共鳴。你會把自己帶入其中，成為主角。有時候心靈悸動，哭得要死不活，放下了書，心情還久久不能平復。那些都還是虛構小說，更何況是其他描寫真實歷史的回憶錄。

因此，**讀一本書，即是在讀作者這個人，感受的是他的靈魂。由你的靈魂，與他的靈魂，同頻共振。**

這也是為什麼，我們必須親自去讀一本書，不能完全仰賴他人（或AI）所做的書摘。這世界上唯有你知道自己經歷了什麼，他人和AI沒有經歷過你經歷的一切，是無法替你找出共鳴點的。尤其AI沒有靈魂，更無法同頻共振。

透過閱讀達成靈魂的混血

當你與書的作者產生同頻共振，心靈悸動，改變了一些原本的想法，即是靈魂的混血過程。

混血後的靈魂並非以某種比例形成混和體，更像一種全新的獨特血液，無法用血液透析技術分離出原本的兩種分子——因為已經產生質變，成為宇宙獨一無二的新個體。原本的老靈魂轉換為新靈魂，也可說是變成更成熟的老靈魂，有如古希臘哲學家普魯塔克（Plutarch）提出的「忒修斯之船」（Ship of Theseus），重點在於改變。

宇宙有空間和時間，兩者不斷改變，於是產生了體驗。宇宙浩瀚無垠，給了人們靈魂豐沛的體驗環境，只要離開時的靈魂相較來時有所改變，就值得了。離開的時候，無論好的經驗、壞的經驗，都是經驗，對靈魂而言都是永恆的紀念品，遺憾的是什麼都沒有，就白來了一遭。

所幸人是群居的動物，人們會彼此互動，留下相遇的痕跡。就像石頭和石頭碰撞會產生刻痕，人與人相遇會產生回憶。如果石頭能寫回憶錄，它應該會努力寫出「石頭記」——要千年一遇的寶玉才可以——所幸我們生而為人，愛寫什麼都可以。

優雅而遼闊的宇宙提供了數不盡的機遇，讓你寫下獨一無二的人生故事。月有陰晴圓缺，人有悲歡離合，一切如夢幻泡影，於是詩人寫下傳誦千古的字句——所有唐詩宋詞皆為八百至一千四百年前閃現的靈光，跨越了時空來到這裡——有書的幫忙就可以。

看似遙遠，又近在眼前。根據愛因斯坦的廣義相對論，空間和時間都可以彎曲，「蟲洞」（Wormhole）[4]在理論上是可能存在的。我們來做一個小蟲洞練習：請你直

注4　一種假設的時空結構，可以從宇宙的一端跳到另外一端，形成捷徑。

接跳到此書的後記，找出兩個留白的「　」空格，填寫完再跳回來這裡。

當你寫下那兩格答案之後，你就成為這本書獨一無二的主人，在你失意或失憶的時候，它會穿過漫長的歲月來幫助你——你也透過此書穿越時空，幫助未來的自己（為了以防萬一，也跟家人或摯友提起這一本書，尤其那兩格，確保將來你忘得一乾二淨的時候，還有人可以幫你。若無人能交代，請把那兩格拍照傳給我）。

書，是最能跨越時空的智慧載體，深深影響著每一個人。即使書的本體消失，但已融入到你混血後的靈魂，會持續影響你的一生。

一個讀過《聖經》的人，倘若在閱讀過程產生了共鳴，那麼他有可能會進一步參加教會的活動，甚至受洗成為虔誠的基督徒。在堅強的信仰之下，他的思想、行為、習慣，也都朝著這個方向發展。因此，《聖經》已成為許多人的命定之書。

同樣的道理，《金剛經》和《心經》在內的佛經，也是許多東方人的命定之書。常聽聞人們遇到人生不順遂，因緣際會接觸到了佛經，獲得了安定感，於是就開始研讀更多佛經，甚至皈依佛門。

從這個角度來看，閱讀確實大幅影響了人的一生。但是沒有特定宗教信仰的人呢？

信仰，不局限於宗教。有些人相信人定勝天，或只相信科學，那也是某種信仰。信仰的產生，通常來自於自身的經歷和體會，但往往是在某一本經典之作中找到支持的力量，因而更加堅定自己原本信念，形成一生的信仰。**奠定他們人生觀的書，就是他的命定之書**。

例如我相當尊崇的前輩吳清友先生，他在自傳《之間：誠品創辦人吳清友的生命之旅》中描述，他讀了史懷哲著作《文明的哲學》（*Kulturphilosophie*）而深受啟發。後來又因先天性心臟病重大手術，歷劫歸來之後，決定放下原本的事業，創立誠品，希望推廣閱讀來提升台灣社會的人文素養。

吳清友先生愛書如命。他曾引述諾貝爾文學獎得主赫曼・赫塞（Hermann Hesse）的一段話：「**大自然是上帝或上天最偉大的創作，而人類最偉大的創作，盡在書本當中。**」

他在生前曾要求誠品所有分店，一定要有一櫃經典書櫃，放著像《文明的哲學》、《史懷哲自傳》（*Aus meinem Leben und Denken*）這樣的書，就算賣得不好，也不可以下架——因為我們永遠不知道，什麼時候、什麼人會因這些書而改變了一生，進而改變了這個社會。史懷哲的著作，就是吳清友先生的命定之書。

每一個人，都有一本命定之書在等著他。

閱讀如此重要，但為什麼仍有許多人不閱讀呢？

有如托爾斯泰（Tolstoy）在巨作《安娜．卡列尼娜》（*Анна Каренина*）的開場白：「幸福的家庭都是相似的，不幸的家庭各有各的不幸。」我們可以說，閱讀的人都是相似的，不閱讀的人各有各的原因。

這些原因，可能是忙於工作、家庭或社交活動，留給閱讀的時間被壓縮。也可能影片和短影音（如 YouTube、抖音）、社群媒體、遊戲的快速反饋機制，讓閱讀這種需要耐心和專注的活動，因相對不夠刺激而被捨棄；也可能是從小沒有閱讀習慣，或缺乏閱讀能力、經濟拮据沒錢買書（如少年我的）等等。

然而，我認為根本原因，在於他們的靈魂沒有被一本書深深觸動過。**任何一個人，只要被一本書撼動到靈魂深處，他一定會想要閱讀**。

有一位從事救生員的讀者歪歪寫給我，他從不愛看書到開始養成閱讀習慣的關鍵機緣：

> 過去，我總覺得閱讀是件枯燥的事，總認為學習應該來自實踐，而不是書本。但在某次偶然的機會下，我讀到了《內在原力》。這本書的文字像是一面鏡子，照見了我內心的停滯與迷惘。書中對思維模式與內在力量的剖析，讓我開始思考：原來改變並不需要等到某個完美的時刻，而是從當下的一個選擇開始。
>
> 那一刻，**我決定給閱讀一次機會——不只是為了獲取知識，而是為了認識自己**。
>
> 從那之後，我開始主動尋找能夠啟發我的書籍，閱讀逐漸成為了我生活的一部分。它不再只是資訊的累積，而是一種與自己對話、拓展世界的方式。

閱讀，不僅讓他改變了習慣，也完全改變了自己。源頭就是從某次偶然的機會下，從翻開了一本書開始。每個人都可以，現在就開始。不用等待完美的時刻，**現在，就是翻開一本書最完美的時刻**。

書幫你找到真正的自己

你知道自己的潛能，發揮了百分之幾呢？

這是很難回答的問題，幸好，優雅的宇宙給了我們一個「暗示」——目前已知的所有質量和能量合計，只占全宇宙大約百分之五，未知的百分之九十五暫且被科學家稱為「暗物質」和「暗能量」。

每個人都是一個宇宙，只是每個人都看不清楚自己的宇宙有多大。

書可以幫你弄清楚。正如卡夫卡（Franz Kafka）所說：「一本書必須是一把能劈開我們內心冰封大海的斧頭。」願你也能找到那把斧頭，從翻開書的扉頁開始，劈開生命的各種可能。

如果你不求生命之浩瀚偉大，但求安穩做自己？

那樣也可以，書也可以幫你。赫曼．赫塞曾說：「**世界上任何書籍都不能帶給你好運，但是它們能讓你悄悄成為你自己。**」我第一次讀到這段話只覺得很美，但還沒能真正理解。隨著大量閱讀，回過頭來看這段話，我才終於明白這道理。

當你深讀一本書，抵達「靈魂混血」的層次時，你心中會自然浮現一個聲音：「這是我要的人生嗎？」或是「我想成為這樣的人嗎？」

那是來自你靈魂深處的聲音，因為你有屬於自己獨一無二的頻率，當你透過一本書與一位作者對話，深入體驗到作者的體驗，感受到他的感受，自然會產生一種心靈的悸動（有時候起雞皮疙瘩，頭皮發麻，甚至會突然流淚），但你可以分辨出來，那是來自兩個不同人的頻率，出現了交集。

就像我讀《紅樓夢》，看到最後賈寶玉的結局，有如該書開頭寫的：「滿紙荒唐言，一把辛酸淚，都云作者痴，誰解其中味。」是很觸動我的，也有種心酸，想要流淚。曹雪芹在他人生晚年，以自身的體會做為警世洪鐘，告誡人們：繁華似錦終將落盡。讀完《紅樓夢》，我提醒自己：「這不是我要的人生。」

他讓我對奢靡繁華心生警惕，說不定還可以終身免疫。是他（曹雪芹）讓我警惕。**透過閱讀進行靈魂的混血過程，是你和作者在對話，已經超脫書的本身**。

當你心中浮現那句靈魂叩問：「這是我要的人生嗎？」然後，選擇在你。你無法選擇自己的出生背景，但你可以選擇翻開哪一本書，與哪一位作者對話。

一位作者會透過不同的著作，安排不同的人物和劇情與你對話，每一本書都是作者的分身。當你不斷與作者對話之後，你同樣也可以選擇，要活出怎樣的人生。

閱讀，增加了你選擇的機會，也增加了你的自由度。在沒有閱讀之前，你不知道人生有這麼多選擇的空間，書的作者們幫你創造出了更多選擇，而在這些被大幅擴張的空間裡，你擁有了更多自由——你的靈魂具有無限多種變化性，要變成怎樣，由你決定。

在所有決定之後，你終究是獨一無二的（混血過後的）靈魂。這就是赫塞說的：

「它們能讓你悄悄成為你自己。」**當你成為了那個獨一無二的混血靈魂，再回頭來看以前讀過的書，感受又會不同**，因為已經是不同（混血後）的靈魂在看同一本書。

當你閱讀量很少的時候，靈魂相對單調，你翻開每一本書，看到的是文字，理解的是知識；當你讀過更多的書，從書中看到的是經驗，理解的是體會，而拋掉一切之後，沉積在你靈魂裡的是智慧。

所以，當我們很年輕的時候遇到一本書，所看到的重點，和年老的時候翻開同一本書所看到的重點，可能完全不同。已故的中國作家楊絳寫過一段話：「年輕的時候以為不讀書不足以了解人生，直到後來才發現，如果不了解人生，是讀不懂書的。」年輕時，我們以為看懂了某些書，隨著年紀漸大，才發現以前少看到了很多重點！

如果你也開始有這些體悟，那麼恭喜你，成為了更有智慧的自己。

比起時間，書才是我的朋友。

時間愈用愈少，書朋友愈來愈多；

時間看不見，書看得見（還摸得到）——

它們在我失戀的時候陪伴我、

失意的時候鼓勵我、

快要失憶的時候提醒我……

第二篇　學習：

命定之書
教會我的事

第三章

求學時期，書朋友曙光乍現

這一篇是我七輩子的編年史。中國創業家李笑來在《新生：七年就是一輩子》提出一個嶄新的觀點：人生可以分成若干個七年週期，每一週期都是重新定義自我、實現自我的機會。我最有感的三個論點：

1. 七年是一個夠長的時間段，讓人完成學習、成長到蛻變的過程。透過持續努力學習和實踐，人們可以在七年內從一個領域的「小白」成長為專家，甚至重塑自己的身分。

2. 放棄短視近利，以七年為一個長期目標的實現單位。許多具有價值的事物（如財富、健康、知識）都需要時間累積，而七年正好是一個既可行又具挑戰性的時間長度。

3. 失敗或困境並非終點，而是一個新週期的起點。突破傳統「一生只有一輩子」的觀念，倘若七年沒能達到預期目標，可當作一段經驗或教訓，然後在下一個七年重新開始。

這些觀點特別適合想要突破現狀、追求成長的人，**將人生視為一場不斷「重生」或「再造」的旅程**。從科學的角度來看，也頗有「重生」的意味。人體每天都有許多老舊細胞死亡，同時也產生新細胞，若以七年來看的話，平均而言多數細胞都已經汰舊換新（只有少數如神經細胞、視網膜的視桿細胞及視錐細胞不會）。若舊的細胞不除去，每年以百分之十的細胞增生速度來計算，透過複利效果，七年就會多出一倍（多了一個你）。因此，「重生」是一種生物本能。

當我回顧自己過去四十九年人生歷程，確實應驗了李笑來的觀點。今年正是我七輩子的終點、重啟人生的起點。有哪幾輩子算是圓滿的？有什麼遺憾？遇到哪些命定之書？讓我在本篇娓娓道來——依照時間序分為求學、工作、退而不休三階段。

李笑來還有一本書叫《把時間當作朋友》，但書才是我最好的朋友。時間愈用愈少，書朋友愈來愈多；時間看不見，書看得見（還摸得到）——它們在我失戀的時候陪伴我、失意的時候鼓勵我、快要失憶的時候提醒我。更好的是，它們還可以陪我吃飯、旅遊、睡覺。

在我墜入谷底時，書幫助我轉念重生。希望這些經驗能帶給你一些啟發、一些勇氣，**在未來面對挫折與挑戰時，知道有人可以接住你——我若不行，書可以**。

這七輩子也是我七個不同的閱讀階段，各階段主要閱讀書籍類別不同，整理如表一，供你參考。在本篇結尾，我會進一步分析我各階段在閱讀速度、閱讀量方面的變化。

七歲的欣羨：會創作的人都好厲害

根據出生證明，我在彰化降落地球表面。但我有記憶以來，是在大里鄉的工廠、荒地、田間及草叢裡長大。常與昆蟲大軍作戰，我很耐打，昆蟲死傷無數，我一次也沒死，頂多擦傷。我對七歲以前的記憶很少，或許因為那時我沒書、沒朋友，只有紅藥水和碘酒，算不上是朋友。

太平洋有一種五十二赫茲鯨魚，叫聲難以被其他鯨魚接收到，所以被稱為「世界

表一　我的七個閱讀階段

階段	主要閱讀書籍類別（紙本書，不含漫畫及報章雜誌）
7 歲之前	無
7 至 14 歲	兒童百科全書
15 至 21 歲	心理勵志、商業企管
22 至 28 歲	心理勵志、商業企管、投資理財
29 至 35 歲	心理勵志、商業企管、投資理財、文學
36 至 42 歲	心理勵志、商業企管、投資理財、文學、自然科普
42 至 49 歲	心理勵志、商業企管、投資理財、文學、自然科普、人文社科、哲學、美學藝術、宗教命理、醫療保健、生活風格、親子教養、童書及繪本

上最孤獨的鯨魚」。我或許是陸地上的品種。幼稚園大班開學沒多久，發覺自己跟不上同學，也沒人跟我說話，我好孤單、好想媽媽，急著要跑回家。老師跟我說，還沒放學不能回家，於是我就哭了——成了班上唯一哭泣的孩子。老師安慰無效，只好讓我站在教室最後面，直到不哭為止才回座位。我永遠記得自己站在教室最後面，看著全班同學上課的背影。

感謝那些背影，讓我想努力跟上，開始主動去翻家裡的書櫃。那時候，家中書櫃裡的書全部加起來不超過二十本，到我高中畢業搬離開家，都沒有增加。裡面有《聖經》、《金剛經》、《王永慶奮鬥史》，從我有記憶開始，它們就在那裡了，但從沒看過家人去翻閱。我逐一翻開，發現前面那幾本沒有注音符號，完全看不懂，所以只能從有注音符號的兒童百科下手——聽說姊姊也曾經看過，但也只是聽說。

閱讀課外書這件事，在我小時候的鄉下，似乎只是個傳說。但無論如何，我已經跨出了第一步，是我們家的一大步。多年後，我才知道好幾位世界首富，小時候也受過百科全書啟蒙。如伊隆．馬斯克（Elon Musk）、比爾．蓋茲（Bill Gates）、華倫・巴菲特（Warren Buffett）。

我七歲那一年，瀕死一次，浩劫重生。小學一年級的某個週末，我在河裡溺水長達好幾分鐘，是爸爸跳進河中救我。事後聽媽媽說，我被救起來的時候已經沒了呼吸，父親馬上進行CPR急救，我吐出滿肚子的水之後，幸運的恢復了呼吸。從昏迷到甦醒長達六小時，我完全沒有意識，也沒感受到任何的「光」——誰叫我那時沒有信仰。

是上天懲罰我吧。不知前世有何恩怨，我這輩子從小與昆蟲為敵，找機會就反擊，才會為了追殺一隻紅色蜻蜓遠離人群，意外落水，差點一命嗚呼。我體驗到了生命之脆弱，還有，上天隨時在看，不能做壞事，連想都不行。經過那次事件，我腦袋裡的壞念頭一次被洗淨，宛如重生，開始愛護一切生命。

七歲也有樂事，讀到第一份報紙。有一天老師發下《國語日報》的訂閱優惠傳單給同學們帶回家，訂閱一年份好像只要幾百元，所以我們家也跟著訂，或許是為我溺水壓壓驚。只不過，大我六歲的哥哥已進入國中愛玩的青春期，我姊姊似乎也沒找到閱讀的樂趣，因此那份刊物變成只有我看而已。我必須一肩扛起好好讀它的責任，報紙每一段，我都讀上好幾遍，儘管如此，一年後父母就沒有再續訂了。

我最遺憾的是，看不到報上連載的漫畫。我曾邊看邊做白日夢：「會創作的人好厲害，好想和他們一樣！」當時我連寫字都有困難，但希望的種子已然在心底種下，隔了近二十年才發芽。後來，有不少饒富創意的作家朋友，跟我說他們兒時也是受漫畫啟發。

孩子從小有自主閱讀習慣，在人生起跑點就占很大優勢，讀什麼是其次，重要的是啟發思考、埋下創造力的種子。此外，也能盡早培養專注力——是比時間、金錢更寶貴的資產。

十四歲的熱血：我的少年時代

談這段（黑）歷史之前，我先提醒國中（含）以下讀者：「叔叔有轉念過，小朋友請勿模仿。」我盡量以當時自己視角，描述青春期的我所看見的世界，忠實呈現當下感受。當然也是多年以後，我才發現很多想法天真可笑，只怪當時年紀還小。

由於爸媽都是小學的學歷（父親曾就讀國中補校，但因工作太忙被迫放棄），因此我升上國中之後，功課的問題就要求助於別人。當時哥哥已經高職畢業，在外地住校就讀二技；姊姊忙著談戀愛，沒空幫我，所以我只能投靠同學。我從小跟姊姊感情最好，只是在她青春期的時候不太像我們家一員，儘管住在同一屋簷下，但我似乎很少看到她——除了聽歌，她有熱門歌曲錄音帶，會和我一起聽。

我還是最喜歡看漫畫。上天不知怎麼安排的，我鄰座同學家就是開漫畫店，他天天生活在漫畫堆裡面，自然成了我好友。他家在台中車站附近，綠川旁的電子街小巷裡，我每天通車回家前都可以「路過」去看最新的漫畫，這是我升上國一的小幸運。太常去，即便我年近半百，都還記得他們家門牌。

國中二年級，我迷上《水滸傳》——明代施耐庵所寫的長篇小說，中國古典四大名著之一。坊間向來流傳著「少不讀水滸，老不讀三國」之說，因為青少年血氣方剛，戒之在鬥。果然《水滸傳》挑起了我的血氣之勇——但不是因為我讀了小說，而是玩電腦遊戲——是一款由「軟體世界」公司（後來更名為「智冠科技」）推出的戰略遊戲。國一、國二，我玩過的電玩超過上百種。

國二下學期某一次月考，成了我的大災難。突然心血來潮，把我寫的答案抄在問題卷上，趁監考老師 Amy 往後走的時候，丟給了坐我左後方的「大哥」——班上的老大，也是校內那一屆聲勢鼎盛的三巨頭之一。Amy 當場把我逮個正著，用力打我一個耳光、記我們各一支大過。往後整個學期只要是她的課，我們倆就要將椅子倒掛在桌上，全程跪著上課。

或許，我只是「中二病」突然發作，想證明自己也可以「勇敢」（其實是傻勁），幫助大哥做點什麼。考試作弊是嚴重的錯誤，也害大哥無端被多記一支大過。他也是血氣方剛吧，完全不想跟老師解釋或求情，就和我一起被處罰。他累積達兩支大過兩支小過，陷入被勒令退學邊緣。那時我很擔心，萬一大哥被我害得退學，會不會就像三國突然少了一國，那可是會引發生態浩劫的呀！後來他沒有再被記任何一支小過，直到順利畢業——我們所有人都很驚訝。

那一年我十四歲，深深懺悔。升上國三，上天巧妙安排，Amy 竟然變我們班導師。我開始力爭上游，她也漸漸感受到我的轉變，畢業前夕，她指著我對全班同學說：「他再努力一點，或許能考上第二志願（台中二中）！」對於那時成績還是普通的我來說，心裡真的感到溫暖與被諒解，她也在畢業前為我「銷過」。事後來看，她是我人生中最重要的貴人之一。傳說觀世音菩薩有三十二種化身，配合各種情境來教化一切眾生，Amy 就是我心中的大菩薩——儘管她是虔誠的基督徒。我在徬徨少年時，她成了我的磐石。

青春期，同儕的影響遠超過大人的想像。我國三時課業成績好轉，班上那群愛玩的好友們，包含「大哥」在內，都誇讚我說：「你是會玩又會念書的人！」我大受激勵，心想：「對耶，我們這一群裡面，只有我的成績排在班上十幾名，他們都是倒數的。」於是我開始努力，要強化這個「人設」。更努力玩也更努力念書，他們不會的功課，都可以來問我——在平時，不是考試中。

國三那一年，發生了一件對我們來說不得了的大事，是「第一廣場」開幕（很久很久以後，我才知道二〇一五年改名「東協廣場」）。我們改去看電影、撞球間，還有在泡沫紅茶店聊天。我們突然不再看漫畫，也不再打電動，就這樣一夕之間長大。

國中生對時間的感受，和大人很不一樣，這有科學根據：愛因斯坦提出的「廣義相對論」，物體的質量會使周圍的時空彎曲，其他物體則沿著這個彎曲時空的軌跡運動，也就是引力（重力）效應。當靠近質量超巨大的物體（例如超大質量恆星，或黑洞中心的「奇異點」），時間感會變得很慢，彷彿靜止了一樣。電影「星際效應」（*Interstellar*），男女主角在米勒星球上執行任務，因為極靠近巨大黑洞，導致時間嚴重彎曲，在米勒星球表面上一小時，在地球已過了七年（我的一輩子）。我想，**如果可以站在上帝旁邊，那麼時間肯定是靜止的，那就是永恆**。

科學界公認，大霹靂前宇宙是一個密度無限大、重力無限大的「奇異點」。對我來說，「第一廣場」就是我遇到的「第一奇異點」。國三短短一年，我的好友數量暴增，除了班上，還遍及校內國三各班、學弟妹，還有校外的朋友。我國中畢業時，光是乾姊姊就有十二位（像極了紅樓夢）。國三畢業生互相寫「友誼紀念冊」，我有兩大本，疊起來厚度超過十公分，剛好塞滿我的墨綠色帆布書包，剩下空間只能裝梳子和髮膠。

有一段我和我追逐的夢，與一位乾姊姊有關。她家境不好需要很早獨立，國中畢業就開始打兩份工，在台中公園對面西餐廳當服務生，常常很晚下班。我沒錢消費，所以要碰面就是在第一廣場B1美食街——她週末的第二份打工。這樣我不僅可以免費吃三色丁香豆花，她還可以陪我聊天。我倆最接近的時候，仍距離五十公分，吧檯的寬度。一分鐘[5]卻可以記得一輩子。無奈那年還沒過完我們就失聯，她在日夜忙碌裡忘了要說再見。終究是兩條人生平行線，沒有擦肩而過。

注5　一九九〇年底（我就讀國三）上映的電影「阿飛正傳」經典對白。阿飛／旭仔（張國榮飾）對蘇麗珍（張曼玉飾）說：「從現在開始我們就是一分鐘的朋友，這是事實，你改變不了，因為已經過去了。」被譽為華人影史上最浪漫的一分鐘。

另一位乾姊姊叫 Penny，她是家裡最小的，上面有四位姊姊、一位哥哥，獨缺一個弟弟。可能我國三當時「會玩又會念書」名聲傳到校外去，她已在別校讀高一，卻希望把我「收編」，照顧我如親弟弟。收編過程很有儀式感，她說：「我認你當乾弟弟，應該要有一個正式禮儀。需要訂一間好餐廳請你吃飯，而且給你一份見面禮。」一週後，在一間民歌西餐廳裡，她果真拿出一大盒巧克力送我，說是「見面禮」。當時我內心狐疑：「我們不是已經見過面了？」多年後，我讀到《小王子》，才知道馴服狐狸需要一定的程序。原來我是她的狐狸。

Penny 有滿腦子的點子，想做的事情很多，而且還真的去做！她的膽識，初估是我的十倍。二〇一六年，她創立了ＨＷＣ黑沃咖啡，目前在台灣有近百間門市據點，近幾年事業版圖也跨到海外多國。當我埋頭寫《內在原力》時，她主動聯繫我，免費幫我設計《內在原力》ＨＷＣ聯名精品咖啡包。至今我跟她們家還是很要好，她一直是我的乾姊姊，獨一無二的那位。

兩位乾姊姊，是兩個世界。在無數的平行時空裡，思維相近的人，會持續和你產生交集。Penny三十多年前天馬行空的想法，現在來看叫做創新、創意思維。我是後來就讀台大商研所，以及大量閱讀成功人士傳記與商業書籍，才慢慢產生這些思維，我的命運因此改變。**努力工作未必能讓我們脫貧致富，想扭轉命運，要從改變思維做起**。

我參加高中聯考，還真的如Amy所說的考上台中二中。才入學沒多久，聽幾位朋友說：「你們學校都是會玩又會念書的人。」就這句話，我又被激勵到了！顯然我那時「中二病」還沒好，認為努力玩不僅是我的驕傲，還可以榮耀我的學校。

所以，我高一去了冰宮一百二十八次。第一廣場有三層樓是冰宮，我三間都去，認識到中彰投各校的朋友，人脈大爆發。我也常去保齡球館、撞球間、KTV、MTV，還有泡沫紅茶店，那時我有一個專門存放會員卡的收藏夾，三十格全放滿，必須定期淘汰沒什麼用到的會員卡，每次都很掙扎。

美好的記憶就到這裡，似水年華都成追憶。高二下學期，家裡的工廠因大環境變遷而難以維持，原本放蕩不羈的青春歲月戛然而止。我父親是很有骨氣的人，當同業紛紛前往大陸發展，他為了陪孩子們長大，還是繼續留在台灣。賣掉工廠後，家裡的財務壓力如暴風雨來襲，在時代巨變的屋簷下，父親不低頭嘆氣，靠他多年累積的人脈與經商能力，硬是撐住了我們家經濟。

我的交友圈也風雲變色。升上高三前夕，我班上最要好的兩位同學兼玩伴，雙雙被留級。我獨自升級的辛酸淚，誰解？難過之餘，我也清楚家裡財務壓力已經不能再讓我鬼混了，於是開始發憤圖強，每天讀書到凌晨兩點，五點起床繼續念書，長達一年。後來參加大學聯考，考上當時理工科的全國第三志願：台大資訊管理學系。

非常感謝高中班上成績最好的王錫祺同學，他是我的貴人。從升上高二開始分「類組」與我同班，他一直是班上第一名，有他當追趕的目標，我才能迅速擠進全校第二類組前二十名。後來，我透過「利他共贏」的方式，在自習課時幫班上同學解答課業上難題，因而增強了自己實力。高三最後一次模擬考，我竟然超越王錫祺跑到全校第二名。感謝有他，幫我不斷升級。

回顧我的國、高中生涯，家裡連一本課外書都沒有買過，進大學之後，申請到第一次的一萬元獎助學金（由宏碁創辦人施振榮先生提供），這讓我對施先生一輩子感激！在危難時刻及時的幫助，會一輩子記住這份恩情。《月老》裡的蟬，是在下輩子報恩。

升大二的暑假，我第一次失戀，難過到好幾天輾轉難眠、食不下咽。我跑到離家幾公里外的一間諾貝爾書店，去翻找相關書籍想要走出失戀。無意間，讀到戴爾．卡內基（Dale Carnegie）的《如何停止憂慮開創人生》（*How to Stop Worrying and Start Living*）（或譯為《卡內基快樂學》），心上那一塊壓得我喘不過氣的石頭，彷彿瞬間被移走。這一本書，是開啟我開始大量閱讀的起點，讀完後我又讀了更多心理勵志的書籍。

最震撼我的是戴爾．卡內基的《卡內基溝通與人際關係：如何贏取友誼與影響他人》。看著當時版本的深藍色書封，上面印著「全球熱銷一千三百萬冊」幾個字（過去這三十年來有改版很多次，書名也有稍微調整，目前全球總銷量應已近三千萬冊），那畫面有如電影特寫，定格很久，在我記憶中成為永恆。它引發我遐想：「這樣會賺好幾億啊！」我的戰鬥魂突然被喚醒，體內的「小宇宙」完全燃燒起來。

我開始積極閱讀成功法，很想知道怎樣賺錢來改善家裡財務困境。因此，卡內基的書是我的第一本啟蒙之書，也是翻轉財務的曙光乍現。

二〇二四年十月有一場「命定之書──聲悠郝愛憲」活動，郝旭烈、愛瑞克（就是我）、謝文憲三位講者，不約而同都提到了《卡內基溝通與人際關係：如何贏取友誼與影響他人》。書中諸多觀念改變了我的一生，幾乎全書都是重點。以下三點不是「書摘」，而是內化到我靈魂深處，成為奉行不悖的處世原則，這些是我個人體驗後的觀點，每個人閱讀擷取的重點必然不同。建議你仍自行找書來讀，找到屬於你的重點：

1.不批評、不責備、不抱怨

批評、譴責與抱怨不僅讓關係惡化，通常對事情也無實質幫助。我是高敏人，常觀察到愛批評抱怨的人，散發著一種負能量，破壞互信以及善意的流動，且往往是團

中文書名／ 《卡內基溝通與人際關係：如何贏取友誼與影響他人》
作者姓名／ 戴爾・卡內基（Dale Carnegie，1888 年 11 月 24 日—1955 年 11 月 1 日）
作者生平／ 卡內基是美國知名作家和演說家，1888 年誕生於密蘇里州的一個小市鎮，父親經營農場，家裡非常窮。就讀小學時，他有幾次因搗蛋、惡作劇差點被退學。高中畢業後他就讀密蘇里州立師範學院，雖然得到全額獎學金，還是必須靠四處打工來繳交學費。 卡內基發現，學院辯論會及演說比賽是成名的好機會。但他沒有演說的天賦，參加了 12 次，屢戰屢敗，直到 1906 年，他以「童年的記憶」為題，獲得了勒伯第青年演說家獎。這是他第一次的成功，也是影響他一生的關鍵。 1908 年，卡內基開始參加學院外的演講比賽，漸漸成名。1912 年創立「卡內基訓練」（Dale Carnegie Training），教導人際溝通及如何處理壓力。1936 年出版《卡內基溝通與人際關係：如何贏取友誼與影響他人》之後，享譽全球。

隊合作關係中的一顆不定時炸彈，貴人會默默遠離這些人。有智慧的人就算對事情看不下去，也會以婉轉方式讓對方感受被支持，從善意出發去調整。

2. 對他人感興趣，而非讓他人對你感興趣

真正的友誼來自於對他人的關心，而非自我中心。當我們表現出對於他人感興趣，就容易增加對方的好感，讓他們更願意與我們溝通合作。無論是主動向對方打招呼、記住對方的名字、詢問對方會感興趣的話題、專注的聆聽、鼓勵對方持續多講一些等，皆可大幅增加我們在對方心中的分量。自己滔滔不絕一百句，比不上真誠的讚賞他人一句。

3. 激發他人內心的渴望

如果希望別人幫助我們，最好的方法是引發對方內心的渴望，讓他們自己想這麼做。這與《內在原力》書中的「利他共贏」相呼應。當我們希望促成彼此合作，最好的方式是設身處地為對方著想，從對方的出發點來看待合作關係。當然，需要先做功課了解對方的背景及現況，先理解對方最在意的事情或習性，再以之為起點開始溝通。

《卡內基溝通與人際關係：如何贏取友誼與影響他人》在書店被歸類在「商業企管」，也可能在「心理勵志」，幾十年來一直都是暢銷書，不同譯本可能有不同名稱，例如《人性的弱點》，內容其實大同小異。這一本書，也是後來我升大三暑假賺進十萬元的關鍵。

二十一歲的標竿：一本書讓我找到使命

大二那年，我讀了許多商管書，想趕快找工作創造收入，設法靠自己在台北獨立維生。可惜，十九歲在學的學生很難找到正職工作，除了餐廳的服務生，然而課業繁重，我應付不了，所以我只能等。

等到升大三的暑假，時機來臨。我去中部每一間「宏碁資訊廣場」分店洽談，希望能當電腦班兼職講師，教學生如何使用 Office 應用軟體；同時，我用電腦印製「到府家教」廣告，張貼在多間公寓大樓的布告欄。我順利找到兩家「宏碁資訊廣場」教電腦，也兼了多個家教，最遠的地點，騎機車往返就要兩小時。

那個暑假我賺進十萬元，夠我在台北生活硬撐過一年。當時，我滿腦子都在想如何賺進更多錢，二十歲的年紀，發瘋似的找尋各種管道賺錢，外人來看似乎很不健康、不可取，但後來我接觸到更艱困的人，理解那是生命本能反應，在生存邊緣搏鬥的人根本無暇顧及健康。人不能處在這種狀態過久，否則會出事。此時要有一個人，來徹底改變我的狀況。

一九九七年，我大學四年級，那個人出現了：嚴長壽先生，他的第一本著作《總裁獅子心》問世。「總裁」兩個字很吸引當時的我，新書發表會台中場，我提早了一小時就到現場，坐在台下第一排專注聆聽。

他的演講出乎意料，令我相當震驚，他說的每一句話、做的每一件事，都不是為了自己，而是為了台灣這片土地。他引爆了我內心的核彈，連鎖反應讓我眼淚直流——原來我錯了。**要賺大錢的出發點錯了，大成就並不是來自於賺大錢，而是幫助很多人**。我望著他，發了一個誓願：「我將來要成為像你這樣的人。」那一幕是永恆的，他就是一位能量無窮大的人，把我的時間凝結在那一瞬間。

那瞬間的結晶儲存在我靈魂深處，好比「臍帶血」，富含出生時的「幹細胞」，可以治癒將來的自己。往後只要每一次我陷入絕境，用它就可以重設自己——回到二十一歲那個要以努力戰勝一切、天不怕地不怕的自己。**靈魂混血所產生的結晶，既是初心，也是歸零重生的依據**。

當你遇到自己的命定之書，尤其是擁有偉大心靈的人所寫下的作品，不僅打通你的任督二脈，更像是全身十四條經脈、三百六十一個穴位同時被刺激，那種震撼絕不可能忘記。那種記憶結晶，在你將來每一次失意與失憶的時候，可以用來喚醒自己；在你的世界崩毀時，有如定海神針，可以重新撐起整個破碎的人生。

近幾年來，我持續捐贈好書到全台灣超過一千所學校，也應邀到許多學校去演講、啟發孩子們，實現我在一九九七年許下的願，也是回歸初心，幫助了曾經在書店角落等待他人伸出援手的自己。

除了學校，我也常受邀到許多企業與民間團體演講，當我問聽眾：「對你一生影響最大的書是哪一本？」有不少人的回答也是這一本。《總裁獅子心》書中有許多重點，每一位讀者在不同年紀、不同的階層，會讀到不同的重點——許多經典好書都有這樣的特性。以下幾點是我過去這二十七年多以來，親身實證後的深刻體會：

1. 努力比學歷更重要

儘管嚴先生只是高中學歷，但憑藉自身的努力與學習精神，一步步爬升到高階主管。他從美國運通的傳達小弟做起，並非只顧自己分內工作而已，更是主動去關心客戶整體需求，進而獲得許多大客戶的賞識，二十八歲時已晉升美國運通台灣區總經理。他倡導「垃圾桶哲學」——去做別人不願意做的，反而能夠獲得別人所沒有的經驗和能力。

2. 國際視野的重要性

在這個全球化的時代，每一個人都需要具備國際觀、與世界接軌。他在書中分享了自己如何讓亞都麗緻飯店躋身國際精品飯店之列，並認為台灣的企業應該善用自己

中文書名／

《總裁獅子心》

作者姓名／

嚴長壽（1947 年 6 月 15 日—）

作者生平／

嚴長壽先生 1947 年出生於上海，1 歲時隨家人來到台灣。他畢業於基隆高中，憑藉自身努力，28 歲時即擔任美國運通台灣區總經理，32 歲成為亞都麗緻飯店集團總裁，也曾任圓山飯店總經理、台灣觀光協會會長等職務，對台灣觀光業發展貢獻良多，被譽為「觀光教父」。

在職業生涯中，嚴先生積極推廣台灣觀光資源，提升國際形象，同時熱心公益，2009 年創立「公益平台文化基金會」，整合社會資源促進文化發展，並透過教育培養偏鄉在地人才。2011 年，他獲頒象徵國家最高榮譽的「景星勳章」。

目前，他將重心放在偏鄉教育改革，參與「均一國際教育實驗學校」，並整合花東地區的觀光產業，打造國際級藝術地標「江賢二藝術園區」，致力提升台灣文化觀光水平。

的優勢，創造出獨特價值。不僅企業如此，每一個人也都要找到自己的特點，去連結更多資源，必能有一番作為。他讓我明白，內在的格局會決定一個人的高度。

3. 使命感是種超能力

他常形容自己是一位「無可救藥的樂觀主義者」，總是抱持著高遠理想，而且傾一切力量去努力實現。無論是創立「公益平台文化基金會」、從星雲大師接手負責「均一國際教育實驗學校」擔任董事長，以及近十多年投入「江賢二藝術園區」擔任共同發起人及館長，一再驗證了他無可救藥的熱忱和使命感。然而，他總能感召許多人一起投入，共同實現願景，彷彿一種超能力。

另外很令我折服的是他的心理韌性。他青少年時期遠比我更叛逆，遭遇也比我更戲劇性，然而，他走過一段又一段看似充滿威脅與挑戰的環境，一一克服，轉化為自己獨特的經歷和能力，實在令我欽佩。

參加完《總裁獅子心》新書分享會當天，我回家馬上把自己在ＰＴＴ網站上的暱稱改為「慈善公益要從年輕做起」。

人生觀不同了，看見的世界也就不同，人生的境遇和發展也因此而改變。嚴長壽總裁絕對是我人生的第一位典範人物，《總裁獅子心》也是改變我人生路徑最大的一本著作。

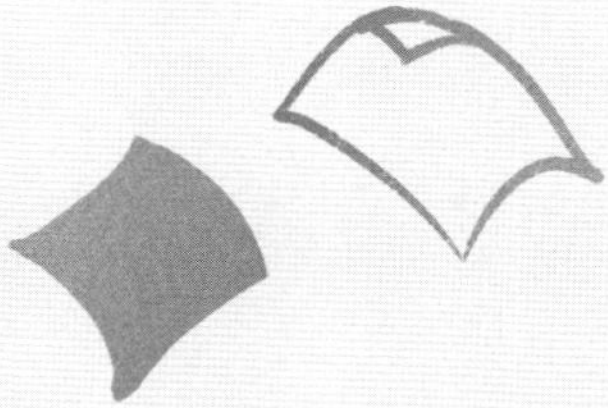

第四章

工作時期，用閱讀快速掌握底層邏輯

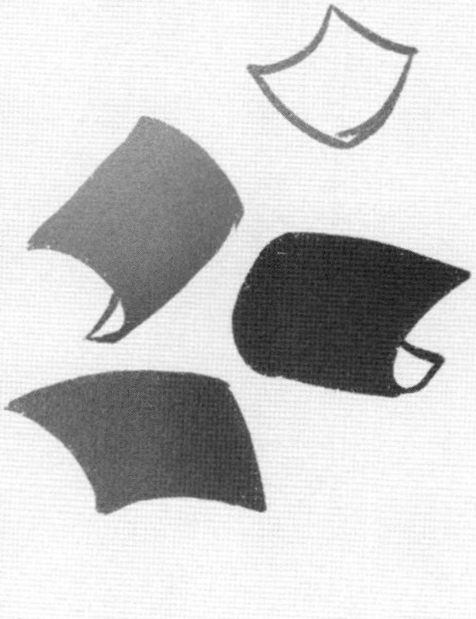

二十八歲的熱情：讀遍投資大師著作確立理財觀

二十一歲受到嚴總裁啟發，我的積極度突然大爆發，有如《七龍珠》漫畫裡的悟空變身超級賽亞人。我不需要龍珠，不需向誰許願，因為我已經知道，命運是掌握在自己手中。

出社會後，我第一份工作在保德信投信（PGIM），一做就是十二年。很感謝當時的貴人蔡培珍總經理、人資主管岳豫西女士、直屬主管李燦龍先生。我投了十多封履歷給好幾家公司，唯一給我面試機會的只有這家公司。當時正是二〇〇二年全球景氣衰退到谷底，整個投資圈都在縮編裁員，我可能畢業即失業，家裡的財務困境將雪上加霜。

那年沒有我要的產業研究員職缺（當時整體投信業都沒開缺），因此必須從通路業務人員做起——儘管與我原本志趣差異甚遠，但後來回顧卻像是大進補。有了在市場跑跳的業務經驗，磨練我心理韌性、強化我應變及溝通能力，正好補足了我天性上的弱點：內向高敏。很難想像我這樣的人如何在第一線跑業務，結果我的業績超乎所有人的預期，收入和位階也節節高升。

我成了公司當紅業務員——儘管與我本性差異甚遠。兩年半之後，受高層重用而轉調產品經理（Product Manager，簡稱PM），負責為全公司業務同仁做產品教育訓練，分析自家與別家的產品特點、競爭優勢，同時也要分析整體金融市場脈動。我的閱讀習慣從原本的商業企管與心理勵志，大幅增加了投資理財相關書籍。

我開始做自己最擅長的金融市場分析，激發了我的工作熱情。那時候，我研究分析範圍包括「所有」市場——全世界股市、債市、外匯、黃金和能源、不動產投資信託（REITs）等，只要是客戶或業務同仁關心的市場或投資標的，我都要懂，因為我負責解答客戶「所有」問題，直到我被問倒，再向基金經理團隊求助。當時，全公司有二十多位基金經理人可任我請教，是我專業知識能力的強大後盾。

我每天參加公司不同研究團隊的會議，因此快速累積了金融投資專業知識。另一方面我也自學，大量研讀投資理財書籍，七年加起來約讀了兩百本，涵蓋產業基本分析、總體分析、技術分析，只要是知名好書、投資大師著作我全都不放過。二〇〇九年，我考過CFA（特許金融分析師）三級考試，加上必要的工作資歷審查通過，成為台灣少數的CFA持狀者，那是全世界投資領域的最高榮譽證照之一。

至於，那兩百本投資理財相關書籍之中，哪一本成了我的命定之書？答案可能和你想的不一樣，最後脫穎而出的是《有錢人想的和你不一樣》（*Secrets of the Millionaire Mind*），作者是哈福．艾克（T. Harv Eker），英文版二〇〇五年二月上市，繁體中文版二〇〇六年七月上市。

本書的核心思想：「你的財務現況是由你的內在『金錢藍圖』（Money Blueprint）所決定的。」財富不僅是靠技能與努力，更重要的是改變你的金錢思維，否則即使短時間致富，也可能因內在思維問題而再次陷入財務困境。

此書大幅改變了我的金錢觀，甚至是生活習慣。在那之前，我一直認為找到一家大公司，晉升到高階主管就會致富；讀完此書，我才了解，原來外在的高收入未必保證致富，而關鍵是在內心的金錢藍圖。**有錢人和窮人最大的差異，在於思維**。例如：

中文書名／ 《有錢人想的和你不一樣》
作者姓名／ 哈福・艾克（T. Harv Eker，1954 年 6 月 10 日—）
作者生平／ 艾克出生於加拿大的普通家庭，父母是歐洲移民，家境並不富裕。他從小就希望能改變經濟狀況，長大後搬到美國尋找發展機會，從事過多種工作、創業十幾次，但都以失敗告終。 轉捩點發生於他創立一家健身器材連鎖店，在兩年內成功發展，以數百萬美元的價格出售，然而短短幾年，他因為財務管理不善，幾乎把所有財富揮霍殆盡。這次經歷讓他意識到，財富不僅來自收入，更來自於金錢思維與理財習慣。 此後，他深入研究金錢心理學、財務管理以及致富的思維方式，並根據自身經驗，總結出「金錢藍圖」的概念。1990 年代，艾克開始舉辦財商課程，核心課程「百萬富翁思維訓練營」（Millionaire Mind Intensive）幫助許多人改變金錢觀，進而改善財務狀況。

1. 有錢人相信「我創造我的人生」，窮人相信「這就是我的人生」。
2. 有錢人專注於機會，窮人專注於障礙。
3. 有錢人和積極成功的人交往，窮人和負面的人交往。
4. 有錢人願意突破舒適圈，窮人害怕改變與風險。

我讀到此書的時候，是在二〇〇六年七月繁體中文版上市時，我就馬上買來看。雖然我二〇〇二年七月才畢業離開學校，開始有穩定收入，而且起薪只有三萬八千元，但我買書並不手軟，多半也是在新書上市第一時間就入手拜讀。像極了投資——持有時間愈長，獲利愈可觀。

在這個時期，我閱讀的財經商管書數量相當龐大，但最後我選這本為命定之書，是事後回顧時才清楚。二〇〇七年，美國「次貸危機」引發一連串連鎖效應，讓雷曼兄弟（Lehman Brothers）這家百年企業在二〇〇八年九月倒閉，釀成了「金融海嘯」席捲全球。在那一次嚴重股災，所有的投資分析方法全都失效，即便是投資大神也都難逃大幅虧損。我個人所有財產在那一次股災中歸零——雖然才工作六年，但好不容易省吃儉用加積極投資所存的七百萬元，全部付之一炬。

這呼應了《有錢人想的和你不一樣》書中的提醒：**不當的財務管理方式，都可能讓原本擁有巨額財富的人損失殆盡**。投資工具百百種，但正確理財觀念才是一切的核心。也是經歷過那次金融海嘯，讓我驚醒，堅強的本業收入是支撐每一位投資人度過谷底的磐石，是一切理財的基礎。

三十五歲的挑戰：看著巨人背影突破自我極限

在工作上我非常努力學習，每兩年就被公司升遷一級，八年連升四級，從專員做到協理。期間，我調任過幾個不同單位，每次都是全新的挑戰。或許這就是《總裁獅子心》的靈魂混血吧——讓我深信努力比學歷重要，還有「垃圾桶哲學」，我做了許多其他同事沒做的事、歷練了別人沒有的經驗。

二〇一〇年七月，我工作滿八年，也剛滿三十四歲，晉升到協理，負責帶領PM團隊。同時也要負責公司新產品開發，還有送件、與主管機關溝通有關的職務。我像是一人身兼三個主管職，非常疲累。

直到有一天，人資主管突然傳來一個美國總部的消息：有國際輪調機會。當時，我們母公司的母公司，也就是整個金融集團的總部，發起了這個專案。讓旗下的保險、投資、年金、退休平台等所有相關單位，有前往集團總部以及所屬各大事業體的輪調機會，命名為「IRP」（International Rotation Program），那是第一年試辦。然而很難爭取，因為集團有四萬多名員工，但總共只有四個名額。

我後來成了其中一位。我相信努力比一切重要，儘管申請過程非常艱辛又痛苦，逼得我突破了許多原本跨不過去的極限。

我的英文讀寫還行，聽說方面很不行。台大商研所畢業時，我的TOEIC只考六百七十分，是班上倒數的。兩年後所方把畢業門檻調高到七百五十分，我若晚讀兩年就慘了——必須要考高於這個分數才能畢業。IRP要求最低標準也是七百五十分，而且八百六十分（金色證書）尤佳。

除了英文能力檢定要求之外，向美國政府申請H-1B臨時工作簽證的資料也非常複雜，需要大量的英文書寫與往返溝通，對於當時身兼三職的我來說非常煎熬。不過我思索著，如果嚴長壽先生只有高中畢業，都敢到美國運通公司工作、磨練英文，那我怎麼能放棄！

我開始努力惡補英文、準備TOEIC考試，日夜奮戰將近一年。到了二〇一一年，IRP申請期限前，我終於收到最後一次TOEIC檢定成績：八百六十五分，是金色的證書！也非常感謝過程中蔡培珍總經理、人資主管岳豫西、行銷主管陳智敏大力相助，才能關關難過卻關關都過（包含被美國政府退回簽證申請再重來），最後順利取得IRP一席名額。

當時，我們集團的事業版圖已橫跨全球三十幾國，但那年唯有台灣、日本、巴西、韓國，各取得一名IRP資格。那是我人生第一次有打世界盃的感覺，而且打進了前四強。

這是一人代表團。二〇一一年六月初，我獨自從台灣搭機直飛美國，展開長達半年的旅程。我跑遍了半個美國領土，共輪調十四個不同事業單位，認識四百多位中高階主管，參加四百多場會議，寫了無數的心得報告傳回台灣總部。直到十二月初，終於疲憊的飛回到台灣。那六個月之漫長，有如一世──原來，我在美國度過了三十五歲生日，真的是隔世！

我三十五歲到四十二歲之間，密集研讀商業企管、投資理財方面的書，更巧遇了《思考致富》（*Think and Grow Rich*）──美國作家拿破崙．希爾（Napoleon Hill）於一九三七年首次出版的書籍，總結成功人士的共同特質，他提出達成財富和成功的十三項原則。此書後來被公認為個人財富與成功心理學的經典之作。

此書的繁體中文版有多個不同譯本，我恰好在外派美國期間遇到這本書，但卻是原文書。當時，和一位美國同事聊到個人興趣嗜好，我說我喜歡閱讀，但實際上我並沒有從台灣帶任何一本書到美國，所以已經有幾個月沒看書。於是，他直接送我一本《思考致富》的原文版，成了我擁有的第一本原文「課外書」（以前大學、研究所時期看不少原文書，但都是教授指定閱讀，所以是課內書）。

拿破崙・希爾根據超過二十五年的研究，分析了五百多位成功人士，包括愛迪生（Edison）、亨利・福特（Henry Ford）、安德魯・卡內基（Andrew Carnegie）等人的致富經驗，歸納出十三項成功法則：

1. 欲望（Desire）：成功的起點
2. 信心（Faith）：讓願景成真的信念
3. 自我暗示（Autosuggestion）：影響潛意識的橋梁
4. 專業知識（Specialized Knowledge）：個人經驗或觀察
5. 想像力（Imagination）：思想的工坊
6. 精心策劃（Organized Planning）：將願望轉化為行動
7. 決心（Decision）：克服拖延的力量
8. 毅力（Persistence）：持之以恆的努力

9. 智囊團（Power of the Mastermind）：協作的力量
10. 性慾的轉換（The Mystery of Sex Transmutation）：利用內在驅動力
11. 潛意識（The Subconscious Mind）：連接思想與現實
12. 大腦（The Brain）：接收與傳遞思想的電台
13. 第六感（The Sixth Sense）：通往智慧的門戶

這本書，是所有我讀過有關成功法則書籍中，歷史最悠久的一本，也最為經典。只不過，我在二〇〇六年被《有錢人想的和你不一樣》震撼過，財商大致已經有所基礎，因此在讀《思考致富》的時候，雖然很有共鳴，但已經不算是我第一本商管方面的啟蒙之書。

我回台灣之後，和朋友聊到此書，有不少人都已經讀過，甚至是被他們視為商業領域的命定之書。例如《好女人的情場攻略》作者路隊長，他同時也是突破兩千萬人次收聽的 Podcast 頻道「好女人的情場攻略」主理人。他多次在節目中提到《思考致富》，這本書徹底改變了他的一生。

我在三十五歲到四十二歲那輩子累積的閱讀量很大。若以每年平均五十本來計算，光是這七年，加起來就有三百五十本。隨著大量閱讀，我與陌生領域的接觸面積大幅增加，因此也跨入了商業企管、投資理財、心理勵志以外的其他領域——但還沒有到「全域」——我後來才知道知識光譜有多麼巨大，而我的足跡有多麼渺小。

好在，閱讀會產生複利效果。腦中累積的雜學知識庫夠大之後，不僅閱讀同一類型的書籍速度會變快許多，同時也會觸類旁通，引發更大的閱讀需求。這是一種**雙向的加乘效果：書讀愈多就會變更快，讀更快就又想讀愈多**。

有如加速度的起飛過程，一個人在閱讀總量累積達到三百本到五百本之間，會彷彿突破了某個臨界點，從此愛上閱讀、一生脫離不了閱讀。就像火箭突破大氣層，進入到外太空之後，從此你就是太空人，一輩子都是太空人。

那麼，太空人算不算地球人呢？

當然他也是地球人——是更能欣賞地球之美的太空人和宇宙人。

我第一次接觸到宇宙科普書，是尼爾．泰森（Neil Tyson）寫的，他有好幾本著作都令我「驚為天人」。例如，他在《宇宙教我們的人生課》（*Starry Messenger*）問讀者以下問題：

- 如果你殺了一個外星人，算是謀殺嗎？
- 如果夏季奧運會對所有種類的動物開放，我們應該會輸掉所有賽事？
- 為什麼比起關心街上無家可歸的人，我們更妥善照顧自己的貓狗？
- 素食者和純素食者看似對肉類說NO，實際上只是在吃著一群無法逃跑的植物同胞？

這些問題看似無厘頭，但卻深藏著生命智慧以及宇宙視角，啟發了我的思考。書中還有一段對話非常有趣，是泰森模擬兩位外星人的對話。開頭是一位外星人驚訝的說：「什麼！你說人類是肉做的？」因為外星人不一定具有肉身，當他們在質譜儀

（或更先進的分析儀器）發現人類的組成物質主要是肉，和所有肉類食物的成分都一樣，覺得不可思議。尤其外星人無法理解，人類的溝通方式竟然是透過某部分肉的震動，就更詫異了。

這就是宇宙視角。人類透過嘴巴來說話，是透過聲帶的震動來壓縮空氣中的分子，進而產生聲波，以空氣做為介質進行溝通。這在完全真空，而且逼近絕對零度（攝氏零下兩百七十三．一五度，而宇宙目前平均只比它高了三度）的太空中，是難以被理解的。

我後來讀到更多有關身心靈、宗教命理方面的書，理解或許靈魂可以直接透過意識溝通，不需要介質。人類出生在地球上，是肉做的，所以有了很多物理限制，進而發展出非常獨特（對外星球來說）的溝通模式。

是宇宙學開啟了我的宏觀思維，進而閱讀更多陌生領域的書，來滿足我的求知欲。我的閱讀宇宙大爆發，是在四十歲左右發生的，我突破了臨界點，成為知識上的太空人、宇宙人。

二〇一六年，我開始以「安納金」為筆名，在網路上分享投資的觀點，有一部分即是受宇宙學啟發。喬治．盧卡斯（George Walton Lucas Jr.）所執導的「星際大戰」（*Star Wars*）系列電影中，安納金（Anakin）是全宇宙中原力（The Force）最強的人。

我在網路上設立「安納金國際洞察」部落格的一開始，就早已決定不露臉、不露聲音，純粹在網路上以文字與讀者溝通。後來，直到二〇二三年底，完成「安納金」最後一本著作後封筆，這七年期間，做到了純粹文字上的思想溝通。如果可以一直用「安納金」在網路上默默造福投資人，又何必離開職場呢？因為我遇見另一本關鍵書籍，啟發了我，去做幫助更多人的事情。

第五章

退而不休期，
享受閱讀的複利效應

四十二歲的使命：退而不休推廣閱讀做公益

二〇一七年，有一天我讀到侯文詠的著作《請問侯文詠：一場與內在對話的旅程》，那是我決定提早退而不休，投身著作與公益的關鍵。他曾經在病床邊，陪伴四、五百位臨終病患走完人生最後一程。他在書中寫道：

> 在我和病人的談話間，幾乎無可避免的都會回顧自己的這一生，到底給別人帶來了什麼幫助，為這個世界留下了什麼貢獻？很多人甚至後悔自己的人生，都在浪費時間……。或許因為這些經驗，往後當我面對「內在價值」與「外在價值」的衝突，只要想起和這四、五百個臨終病人相處的點點滴滴，我總是能夠鼓起勇氣去選擇自己想要的。

這本書對我的衝擊很大，讓我馬上陷入了沉思。我永遠記得，當時來自我內心深處的靈魂叩問：「如果我只寫投資的文章，也就只能幫助到投資人。」、「那麼沒錢投資的人呢？難道我就不能幫了嗎？」、「我曾經是那個在書店角落的窮困少年啊！」、「如果我連自己都幫不了，那我憑什麼活著？」

閱讀是靈魂的混血過程，果真在我讀到侯文詠這本書的時候，瞬間發生了。半年之後，我遞了辭呈，選擇自己想要的：用著作奉獻自己才能、造福更多人。我離開職場的那一年，四十二歲。

二〇一八年初，我獲得時間上的完全自由，閱讀量也自此暴增，大約是每年翻閱兩百本書（並且選定其中大約五十本進行細讀）。這樣的閱讀質量和速度，大概維持了三年。我每天若不是在書店，就是在前往書店的路上。

那時，我也提早存夠了退休金（由於早已習慣省吃儉用，開銷不多）。財務自由對我來說，最重要的意涵是，不再為了錢工作，從此只做有意義的事——幫助更多的人。**過去我曾經是被閱讀拯救的人，所以，我決定透過推廣閱讀來幫助別人。**

有了推廣閱讀的使命感，我的超能力就浮現了。

二〇二一年初，我決定要撰寫《內在原力》，但計畫只用半年時間，需要把成功學、文學、天文物理學、哲學，一次融入到這本書中，我必須加快閱讀速度。在那之前，我閱讀像是用「大同電鍋」；撰寫《內在原力》有時間壓力，必須改用「壓力鍋」，閱讀量暴增到一年一千本。後來我習慣了，也就回不去了。原來，人類是一種很會自我調適的生物——雖然都是肉做的。

隨著大量閱讀讓我知道這不是特例，在地球表面上就有多位大量閱讀者，其中一位，也是我在投資世界裡很敬仰的前輩查理．蒙格（Charlie Munger），他是巴菲特亦師亦友的長期搭檔。

蒙格有一本經典之作《窮查理的普通常識》（*Poor Charlie's Almanack*），二〇〇五年英文版問世，二〇一四年在台灣由商業周刊出版社推出繁體中文版。他在這本書中分享多元思維模型、商業智慧與投資心得。

這本書享譽國際長達二十年，然而我與此書結緣很晚。二〇二〇年三月我以「安納金」為筆名寫作的晚期，帶領當時線上讀書會一萬多名社員（目前該社團已近三萬人）共讀此書，長達五個月（一直到二〇二〇年八月），經歷當時 COVID-19 在台灣疫情擴散、人心惶惶的時期。我負責導讀，每週六撰寫兩、三千字文章來摘錄書中一章重點精華，加上我個人實證應用到當時市場上的心得體會。

書中有許多令人折服的觀點，包括「多元思維模型」、「能力圈理論」、「逆向思考」、「魯拉帕路薩效應」（Lollapalooza Effect）[6]等，廣受各界推崇、不斷流傳，使得蒙格的影響力已經遠遠跨出了投資圈的範圍，遍及全世界。

蒙格在二〇二三年十一月與世長辭，然而我帶領共讀的那一段記憶，將一生難忘。我們收穫的不僅僅是人生智慧精華，更是在市場劇變下的內在安定力量。他也是一位提倡閱讀者，並且以身作則。無論到哪裡，他一定隨身攜帶一本書，即使在等人的短暫片刻，也不斷吸收知識。

後來，我有幸在二〇二四年商業周刊出版社推出《窮查理的普通常識》的紀念典

注6「魯拉帕路薩效應」為蒙格發明的片語，指各種因素互相強化，能夠將彼此的力量極大化。

藏版時，為之作序。我寫了〈普通的常識，卓越的智慧，經典的流傳〉一千多字的推薦序，算是我為這位啟蒙我的大師所做的一點貢獻。以下是我自己從閱讀《窮查理的普通常識》受益最多的三個觀點：

1. 多元思維模型

單一學科的知識不足以應對複雜問題，應該跨學科學習，建立多元思維模型。蒙格全方位學習數學、經濟學、心理學、物理學等領域的關鍵概念，培養全面的思維框架，以更理性客觀分析問題，形成「魯拉帕路薩效應」，提升決策及人生品質。

2. 逆向思考

他的名言：「如果我知道自己會死在哪裡，我就不要去那裡。」強調在投資或人生決策時，先思考「怎樣做會導致失敗」，然後避免這些行為，從而提高成功機率。我自己也有「凡是反過來想」的習慣，先想像終點，再倒回來看現在該怎麼做最好。

中文書名／

《窮查理的普通常識：巴菲特 50 年智慧合夥人查理・蒙格的人生哲學》

作者姓名／

查理・蒙格（Charles Thomas Munger，1924 年 1 月 1 日—2023 年 11 月 28 日）

作者生平／

1924 年，蒙格出生於美國內布拉斯加州的奧馬哈，家庭環境良好，父親是一名律師，母親則來自富裕家庭。他小時候曾在巴菲特家族經營的雜貨店打工，成為他日後與巴菲特結緣的契機。

1948 年，他以優異成績獲得法學博士學位。1962 年與人共同創辦了 Munger, Tolles & Olson 律師事務所，至今仍是美國知名律所之一。然而，他逐漸對法律實務失去興趣，轉而追求商業與投資。其後又創辦了投資公司 Wesco Financial。

他於 1978 年正式加入波克夏・海瑟威公司（Berkshire Hathaway），成為巴菲特的副手，兩人聯手將這家原本瀕臨破產的紡織公司，轉型成為全球最大的控股公司之一。他被譽為「價值投資」的關鍵人物之一。

他亦是一位慷慨的慈善家，捐贈了數億美元用於教育和醫療事業，尤其支持加州大學聖塔芭芭拉分校（UCSB）和史丹佛大學（Stanford University）。

3. 長期主義與耐心

短期市場波動無法準確預測，最好的策略是專注於長期價值，不追逐短期利益。投資時要有耐心，避免頻繁交易帶來的高成本與高風險。我近幾年都以中長期定期定額投資基金、ETF為主，以至少三年做為一個進出的週期，不再短線交易高波動的個別公司股票。

我的閱讀「魯拉帕路薩效應」在四十二歲起大爆發，以這四十九年的閱讀累積總量計算，有百分之九十以上都是在最近七年讀的書，但前面的百分之十卻是必要的累積，才能達成後面的複利效果，如同巴菲特百分之九十九的財富都在五十歲後獲得。

本章後續探討的內容，絕大多數也都是在我四十二歲之後才讀到的。我的編年史還在繼續寫著，只是同時展開了好幾個層面，透過閱讀活在幾個不同時空，猶如平行宇宙。

心理，是終極命理

心理勵志類書籍成了COVID-19疫情後這幾年，台灣書籍市場上的主流。此類涵蓋很廣，包含了心理學、心理諮商、心理勵志、靈性成長、身心靈相關的書籍都包括在內。然而，他們探討的內容大不同，若要放在一起比較並無太大意義。

這類書籍是我四十二歲之後讀最多的書——並非我個人需求，而是廣大讀者們的需要。我常收到讀者們來信請教生涯上的難題，每個人遭遇各自的不幸，然而追根究柢都是心理相關問題。通常來自原生家庭所導致的長期心理陰影，深植於潛意識；也可能是短期發生某一事件，衝擊到心理狀態而造成生活大亂。

一個人的心理影響行為、習慣，進而影響一生。我讀了各式各樣的心理相關書籍，發現有一個通用的解方：「覺察」（Awareness）。

目前市場上探討與覺知相關的書籍很多，而第一本啟發我最大的是艾克哈特．托勒（Eckhart Tolle）著作《當下的力量》（*The Power of Now*）。此書也受媒體天后歐普拉・溫芙蕾（Oprah Winfrey）盛讚。這本書啟發我最大的關鍵，即是「覺察」——不是挖掘頭腦內的念頭，而是「察覺」那個念頭的存在，看到自己的思維模式，避免被情緒與想法綁架。

歐普拉曾在她的脫口秀節目「歐普拉秀」（The Oprah Winfrey Show）表示：「這是一本改變人生的書！」隨後《當下的力量》迅速登上《紐約時報》（*The New York Times*）暢銷書榜。二〇〇八年，歐普拉與托勒合作推出全球線上讀書會，專門討論托勒的另一部作品《一個新世界》（*A New Earth*），吸引了超過一千萬人參與，讓托勒所倡導的觀念成為顯學。

《當下的力量》融合東西方靈性哲學，強調活在當下、放下執著，讓自己與內在的平靜連結。這本書帶給我最重要啟發如下：

1. 當下才是真正存在的時刻

我們的痛苦來自對過去的悔恨和對未來的焦慮，而唯一能真正掌握的是當下的這

中文書名／ 《當下的力量：通往靈性開悟的指引》
作者姓名／ 艾克哈特．托勒（Eckhart Tolle，1948 年 2 月 16 日—）
作者生平／ 1948 年 2 月 16 日，艾克哈特．托勒出生於德國呂嫩。童年時期，他的父母離婚，加上二戰後的德國環境，讓他的成長充滿壓力。學校教育方式的僵化，使他對學校生活產生抗拒，選擇自行學習，熱中於文學、哲學與天文學。20 多歲時，他經常陷入極度的焦慮、憂鬱，對人生充滿疑問，經常被痛苦的內在對話折磨，甚至有過自殺的念頭。 在 29 歲的某天晚上，他突然體驗到一場深刻的內在轉變，他尋找到一種思維方式、覺醒的力量，可以不再受痛苦與焦慮控制。隨後，他放棄原本的學術生涯，轉而專注於內在探索。 1997 年，他自費出版《當下的力量》，最初只是一本小眾書籍，但很快因為口耳相傳受到關注，又經歐普拉的大力推薦，成為了全球知名靈性導師。

一刻。放下對時間的執著，專注於此時此刻，才能真正體驗生活。

2.「小我」與「真正的自我」

我們的「小我」（Ego）會透過思考、擔憂、比較而產生痛苦，覺察到這樣的機制，並與「真正的自我」連結，就能超越痛苦，進入寧靜的狀態。

3.臣服與接受當下

我們常常被情緒牽著走，產生焦慮、恐懼與痛苦。學會觀察自己的念頭，而不是被它控制，能讓內心更平靜。接受與臣服於當下，不代表消極，而是找到真正的內在力量，不被情緒左右。

我常收到許多讀者向我請教：該如何面對挫折？如何轉念？如何獲得力量走出谷底、重新振作？「覺察」都扮演了關鍵的第一步。相關的概念還有「正念」、「冥想」，這些名詞在近幾年許多心理勵志類書籍中常出現，以下是我自己體會出它們的關係與區別：

1.正念（Mindfulness）：專注於當下

正念是一種刻意的專注，指的是在當下覺察自己的身體、感受、情緒與想法，而不加以評判。它來自佛教的「念」（Sati），在現代心理學中被發展為一種減壓與自我調整的練習（如正念減壓、正念認知療法）。

2.冥想（Meditation）：訓練心智的方法

冥想是幫助人們放鬆身心、提升專注力並促進內在平靜的練習方法，它的範圍廣泛，包含正念冥想、禪修、瑜伽冥想、超覺靜坐等不同種類。

3.覺察（Awareness）：超越思維的純粹覺察

覺察是一種超越思維運作的狀態，它不是某種刻意的練習，而是一種對存在本身的清醒體驗。它不等於「專注」，而是一種更高層次的內在覺察，能夠意識到自己的思維、情緒、感官上的感受，卻不被它們牽著走。

簡言之，透過冥想相關的練習方法，幫助我們獲得正念，最終進入「覺知」的狀態，從而擁有內心的平靜，活在當下，有意識的感受生命的體驗。以佛教來說，要達到開悟的境界，必然是從自我覺察開始，而覺察更是禪宗修行的核心之一。

在我讀過《當下的力量》之後，時時刻刻保持「覺察」已成習慣，我每天「正念」與「冥想」的時間也愈來愈長。我每週固定兩天練瑜伽，已經長達七年未曾間斷；目前每天平均看書八至十小時當中，至少有一小時在冥想——大約每半小時閱讀搭配五分鐘冥想，可讓我保持長時間專注、減少疲勞感。

我曾多次強調專注力的重要，而「正念」與「冥想」即是最簡單實用的訓練方法，值得你花時間去做，絕對獲益良多。

人文社科，是現代人基本素養

社會科一直是我的最弱項，從升上高二選擇「第二類組」（理工組）之後，我慶幸自己不用再讀歷史、地理。後來，我才知道自己有多愚蠢，眼界有多狹隘。

第一位點醒我的是尤瓦爾・哈拉瑞（Yuval Noah Harari），他寫出「人類三部曲」而享譽全球。分別從過去、現在與未來三個面向探討人類發展與命運的三部曲是：《人類大歷史》（*Sapiens*）、《人類大命運》（*Homo Deus*）、《21世紀的21堂課》（*21 Lessons for the 21st Century*）。其中最令我震撼的是《人類大歷史》。

原本我一直以為，人類歷史東看西看，能有什麼變化好看呢？我錯了！這本書是從宇宙大霹靂開始寫，把六百萬年前人類和黑猩猩最後的共祖開始分化，兩百五十萬年前非洲的人屬開始演化，然後一直寫到現在。此書在二〇一一年以希伯來文首次出版，二〇一四年推出英文版，轟動全世界，同時開了我的眼界。

《人類大歷史》全書分為四大部分：認知革命、農業革命、科學革命與人類的統一。哈拉瑞認為，智人之所以能從眾多早期人種中脫穎而出，關鍵在於「認知革命」（約七萬年前）——語言與想像力的發展，讓人類能夠創造虛構的概念（如宗教、神話、國家），進而實現大規模合作。這種能力是其他動物或早期人種不具備的。

接著，農業革命（約一萬年前）被視為人類歷史的轉捩點。他提出一個顛覆性的

中文書名／ 《人類大歷史：從野獸到扮演上帝》
作者姓名／ 尤瓦爾・哈拉瑞（Yuval Noah Harari，1976 年 2 月 24 日—）
作者生平／ 1976 年哈拉瑞出生於以色列海法的猶太家庭，父母都是教育工作者，他從小對歷史與哲學充滿興趣，尤其熱愛思考人類文明的發展。 他 18 歲服役，26 歲取得牛津大學博士學位，專攻世界史與軍事史。受到「宏觀歷史學」（Big History）的影響，開始研究人類歷史的整體發展，而非局限於特定時期或地區。 回到以色列後，他成為耶路撒冷希伯來大學的歷史系教授，主要研究人類歷史的長期發展與影響。關注認知革命、農業、科技發展對人類的影響，並結合生物學、經濟學、哲學與人工智慧來分析歷史趨勢。他也是一名素食者，積極提倡動物權益。

觀點：農業並非單純的進步，反而可能是人類的陷阱。定居生活帶來穩定食物來源，但也導致勞動負擔加重、疾病增加與社會階級分化。他認為，其實是小麥與稻米「馴化」了人類，而非人類馴化了它們。

科學革命（約五百年前）則是現代社會的基石。哈拉瑞認為，科學的力量在於承認無知，並以此推動探索與技術進步。這一時期，人類開始超越自然限制，掌握地球的主導權。然而，他也質疑，這樣的進步是否真的讓人類更幸福？

在我閱讀此書的過程，好幾次都感到震撼、眼界大開，尤其以下三部分：

1. 虛構的力量

人類的成功不在於自身的力量或智慧，而在於相信並傳播虛構故事的能力——這也是人類與其他動物的最大差異。**這種集體想像的能力，可以相信不存在的事物，如宗教、金錢、國家、法律、企業等概念**。這些概念雖然是虛構的，但只要足夠多人相信，就能影響現實世界，例如建立國家、企業、社會制度，並實現更大規模的合作。

2.進步的代價

每一次革命都帶來成就，但也埋下新的問題種子。物質生活的提升並未保證精神滿足，甚至可能讓人類更焦慮。農業革命帶來了穩定的食物，但也帶來更多痛苦——社會階級分化、戰爭與疾病增加；狩獵採集者工作時間短、營養均衡、生活多樣化。人類並不是選擇了農業，而是被農業馴服；是小麥或稻米讓我們關在房子裡面，成為了勞動者。

3.歷史的主觀性

過去，我一直誤以為歷史是固定、不會變的。讀完哈拉瑞的書，我才驚覺，原來歷史學家也可以有自己的觀點和立場。他的觀點遠超出我認知範圍，拓展了我思維的疆界——原來，好的作家可以幫助讀者思考！

哈拉瑞對我的影響，絕不僅止於重塑我的歷史觀、拓展我的思維，更直接影響了我的寫作風格。例如《內在原力》和這本書我都用了許多疑問句，並且強調，每一個人會有不同的答案，**重點在激發思考的過程，那才是「啟蒙」的關鍵**。直接給出答案，未必能達到啟蒙效果。

頂尖的史學家，是會促進人類思考的！讀完哈拉瑞的書，他提出的許多問題，至今仍不斷在我腦海裡打轉。我認為，人文社科是現代人基本素養，因為它攸關未來世界的發展。《人類大歷史》肯定是我在人文社科領域的啟蒙之書、命定之書。

自然科學，是生命的底層邏輯

我七歲的第一本書是兒童百科，裡面有關科學的知識，幾乎夠我用到小學畢業，甚至為國中學習理化打下良好基礎。高中時我選擇第二類組，也是小時候受到百科全書的啟發，覺得能看懂萬物運作背後的原理，就像看穿魔術一樣，有莫大的成就感。

然而，研究所就讀台大商研所，畢業後進入金融業工作，是為生活現實考量。我有將近二十年，沒有再閱讀自然科學相關書籍的習慣，逐漸喪失了這方面的閱讀動機，直到讀了萬維鋼的著作《高手思維》才被扭轉。

《高手思維》是一本商業書籍，通常被歸類在職場工作術或成功法，然而書中談論範圍相當廣泛。其中有一小部分談到天文物理學，打開我的眼界。有一張照片，是由美國太空總署（NASA）的航海家一號（Voyager 1）太空探測器於一九九〇年二月十四日拍攝的地球照片，稱為「暗淡藍點」（Pale Blue Dot）。

《高手思維》描述了天文學家卡爾．薩根（Carl Sagan）是如何克服萬難，堅持爭取要NASA團隊拍下這一張照片。結果，照片回傳地球後，撼動了所有人。這個暗淡藍點展示出地球在浩瀚宇宙中之渺小，成為一幅經典圖像，據說很多人看了這張照片感動到落淚，我也是，現在光是想到那股震撼力，內心還是會悸動。從此開始，引發我閱讀自然科普書籍的興趣。

後來，讀了史蒂芬．霍金（Stephen Hawking）的《時間簡史》（*A Brief History of Time*），我大受啟蒙。本書英文版於一九八八年問世，繁體中文版一九八九年在台灣上市（二〇一二年改版為《新時間簡史》）。

相較於前面提到的尼爾．泰森，霍金帶給這個世界和對我的影響力，有過之而無不及。《時間簡史》從宇宙的起源講起，涵蓋大爆炸、黑洞、時間與空間的本質等主題，他以通俗易懂的語言，將複雜的宇宙學概念帶給大眾，啟發了無數讀者對自然和宇宙的好奇心。《時間簡史》被譽為科普書的經典，全球銷量超過兩千五百萬冊。

這一本書所橫跨的時間幅度，是有史以來最長的。對很多科普閱讀的新鮮人來說，整本書都是重點，我讀起來就像在看科幻電影，而且絕無冷場。以下是對我個人來說，印象最深刻的幾點收穫：

1. 時間和空間並非固定的，而是受重力與速度影響。
2. 他提出「霍金輻射」，指出黑洞會緩慢釋放能量，最終消失。
3. 量子力學可以解釋宇宙初期的隨機波動如何導致星系形成。
4. 透過數學和物理定律，我們可以預測宇宙未來的演化方向。
5. 相對論在數理上允許「蟲洞」存在，時間旅行並非毫無根據。

中文書名／

《時間簡史》

作者姓名／

史蒂芬·霍金（Stephen William Hawking，1942 年 1 月 8 日—2018 年 3 月 14 日）

作者生平／

霍金是英國著名的理論物理學家、宇宙學家、作家和科學傳播者。他以黑洞理論、廣義相對論和量子重力的研究而聞名，並提出「霍金輻射」（Hawking Radiation），對科學界影響深遠。

他出生於英國，在牛津大學就讀物理，後來轉入劍橋大學攻讀宇宙學博士學位。21 歲時，被診斷出罹患肌萎縮性脊髓側索硬化症（ALS，又稱漸凍症），醫生當時預估他僅剩兩年壽命。然而，他不僅戰勝病魔，還持續進行研究長達數十年，其中最著名的發現包括：霍金輻射、奇異點定理（Singularity Theorems）、無邊界宇宙模型（No-Boundary Proposal）等。

霍金的身體狀況隨著年齡增長而惡化，但透過語音合成器與世界交流，繼續科學研究與公共演講。2018 年 3 月 14 日，他於英國劍橋辭世，享年 76 歲。他的堅持與智慧激勵了無數人，被譽為「當代最偉大的科學家之一」。

《時間簡史》不僅是一本有關物理學、宇宙學的科普書，更是一部帶領人類探索生命本質的哲學之書，是我心中排名第一的自然科學類書籍。

文學，是時代的縮影

我在大學時代瀏覽了幾部國外文學名著，但總是走馬看花、讀而無感居多。直到二〇二一年撰寫《內在原力》時，大量研讀歷屆諾貝爾文學獎作品，才開始有一點點體會。當時，我想透過創作新書，將文學元素融入《內在原力》一書中，形成「成功學、天文物理學、文學與哲學」多重維度的立體結構。為此，我查詢一九〇一年至二〇二〇年共一百二十屆諾貝爾文學獎得主名單，先在網路上尋找相關的著作，再去書店、圖書館查閱。

那陣子，我沒日沒夜的讀書，午夜夢裡許多作家與作品蜂擁而至，爭相要求我把他們寫入書中。所幸，我是以閉關創作方式（幾乎足不出戶，疫情嚴峻也不敢出門），把書寫歷程壓縮在四個月內完成，否則夜長夢多，真會把人逼瘋。

國外文學名著數量非常龐大，對我的啟發各有不同。除了第二章提到的幾本國外經典名著外，另外還有《先知》（*The Prophet*）、《牧羊少年奇幻之旅》（*El Alquimista*）、《人性枷鎖》（*Of Human Bondage*）、《過於喧囂的孤獨》（*Příliš hlučná samota*）、《一九八四》（*Nineteen Eighty-Four*）、《長日將盡》（*The Remains of The Day*）、《心：夏目漱石探究人性代表作》（こころ），這些都是我喜歡的著作。

文學作品浩瀚無垠，自成多個平行宇宙，每個人的喜好各自不同。若要從文學著作選出一本擴大我的人生視野、對我的寫作風格影響最大的書當屬《先知》，這是我在文學道路上的命定之書。

《先知》是由二十六篇詩歌散文組成的作品。全書主角是一位名叫阿穆斯塔法（Almustafa）的先知，他即將離開居住十二年的奧法利斯（Orphalese）城之前，回應城中居民的提問，分享對人生各面向的智慧。這些篇章涵蓋了人們生活中最核心的主題，例如：愛、婚姻、孩子、工作、喜樂與悲傷、罪與罰、自由、痛苦、教育、友誼、死亡。

《先知》以充滿詩意的語言和深刻的哲理，觸動了無數讀者的心靈，在西方被譽為「小聖經」。這本書對我帶來的啟發：

1. 平衡與和諧的智慧

紀伯倫強調對立元素的共存（如喜樂與悲傷、理智與熱情），啟發人們接受生命的複雜性，並在衝突中尋求內心的和諧與平靜。我十九歲失戀時讀到書中一段文字：「悲傷在你心中切割得愈深，你便能容納更多的快樂。」這兩句話幫助我領悟「人生沒有真正壞事」，是引領我轉念的啟蒙書。

2. 跨文化的包容共存

《先知》融合了東方哲學與西方文學的元素，超越宗教與文化界限，成為全球讀者共享的心靈指南。作者以簡單卻深刻的語言，讓不同背景的人都能從中找到共鳴。在台灣，這本書也是我父母那一代人，年輕時常用來送人的知性之禮。

中文書名／

《先知》

作者姓名／

紀伯倫（Kahlil Gibran，1883 年 1 月 6 日—1931 年 4 月 10 日）

作者生平／

紀伯倫是黎巴嫩詩人、作家與畫家，被譽為二十世紀最具影響力的阿拉伯裔文學家之一。他的父親因酗酒與賭博導致家道中落，12 歲的紀伯倫隨母、兄和兩個妹妹移民美國。他們的生活貧困，但母親鼓勵孩子接受教育，他因此展現出繪畫與寫作的天賦。

1898 年，紀伯倫短暫返回黎巴嫩，就讀馬達利斯智慧學校（Al-Hikma School）學習阿拉伯語與法語，並開始接觸文學與哲學。1902 年，他回到美國，母親、兄長與妹妹卻相繼因病去世。這段悲痛經歷深刻影響了他的創作，作品中常帶有對生命與死亡的沉思。1908 年，他又赴巴黎學習藝術，受到歐洲文藝思潮的啟發。

1911 年定居紐約後，加入阿拉伯移民文學團體「筆會」，成為現代阿拉伯文學復興的重要人物。他開始用英文創作，1923 年出版《先知》，享譽國際。晚年因長期酗酒導致肝硬化，1931 年在紐約逝世時，只有 48 歲。

3. 寫作的詩意

紀伯倫在文學及哲學方面的造詣很深，加上他成長背景的諸多困苦與磨難，讓他擁有極具深度智慧的心靈。《先知》的寫作風格近於詩，是第一本讓我感受到濃厚詩意的著作，影響我後來的創作風格及鑑賞文學的品味。

文學領域博大精深，風格多元迥異。要盡信一個人的推薦，不如不信，因為適合他的未必適合你。挑一本你喜歡讀的，才是最重要的。

哲學，有大用

哲學是人類歷史悠久的知識源頭，經過好幾千年的歲月流轉，它分岔為好幾條巨流，再擴散成為今天整個知識宇宙。對我來說，**哲學就是萬用的底層邏輯，可以幫助我們看透事物的本質，建立一套準則**。遇到生活中大小事，都能用既定的規則來處理、化解它們。

哲學有大用，要看你會不會用。

我曾以安納金為筆名寫過六本投資相關著作，累計銷量也達到了十萬冊。我一直認為，哲學就像投資世界裡的「心法」，是面對快速變化時，心中不變的原則。

在金融市場中，投資人必須建立一套這樣的心法，才能應付詭譎多變的市場、不斷推陳出新的金融商品，還有愈來愈厲害的金融詐騙。以我過去二十八年的投資及交易經驗，要歸結出最重要的一段話，我會說：「『投資心法』即『投資哲學』，是想要在投資世界裡安身立命的根本之道。」

把上面這段話的「投資」兩字拿掉，就變成：「『心法』即『哲學』，是想要在世界上安身立命的根本之道。」或者，你也可以把「投資」兩字替換為「商業經營」、「戀愛」、「人際交友」、「子女教養」、「創作」、「烹飪」、「旅行」、「上班族」、「公務人員」，都可以！

哲學就像真理，可以貫穿宇宙，一體適用。

在哲學的世界裡，我最先接觸到的作者是台大哲學系傅佩榮教授。他著作等身，主要以孔孟、老莊、四書五經、易經等東方哲學著作最負盛名，也有西方哲學、心理勵志或個人成長相關著作，他也翻譯過多本國外哲學著作。

目前我閱讀的哲學類書籍以東方哲學居多、西方的較少。影響我人生觀最深的一本，是蔣勳老師《捨得，捨不得：帶著金剛經旅行》，此書在多數書店歸類於華文創作、散文類，但裡面充滿了人生哲學。

《捨得，捨不得：帶著金剛經旅行》也是我在佛學智慧與經典的啟蒙之書，讓我第一次接觸到《金剛經》，化解我對於佛經的刻板印象，進而去讀南懷瑾《金剛經說什麼》、《花雨滿天維摩說法》等白話文解析佛經的系列，開啟了我閱讀的新宇宙——我不再只是肉做的，是有靈魂的。以下是我讀《捨得，捨不得：帶著金剛經旅行》的啟發：

1. 佛家「空性」的智慧

「空性」不是空無一物、什麼都沒有的意思，而是萬物千變萬化，沒有定性。人一旦過度執著於某一件人事物，也就阻礙了內心的清明與判斷能力。學習放下自我、放下分別心，才能平和的面對生命中的得與失。

2. 生命無常，把握當下

人有悲歡離合，月有陰晴圓缺，此書提醒我們世事變遷無常，因此當下才是真實可貴的。我們應當珍惜眼前的一切，不因對未來的憂慮、對過去的執著，而錯失眼前的美好。拜讀蔣勳老師這本書，是第一次讓我感受到佛學之美。

3. 將美感融入文字創作

蔣勳擅長以美學的角度來看待人生，他透過藝術與文化的視角，讓《金剛經》的智慧更具親和力、更融入生活。這種以「美學視角」看世界的眼光，大幅提升我的寫作能力，在理性思維中融入更多的感性與美學元素。

中文書名／ 《捨得，捨不得：帶著金剛經旅行》
作者姓名／ 蔣勳（1947 年 1 月 8 日—）
作者生平／ 蔣勳教授生於中國陝西省西安市，戰後隨家人遷居台灣，在台北大龍峒長大，這背景深深影響他的藝術與文學創作。高中時期，受文學老師陳永善（即作家陳映真）的啟發，參與文藝社與話劇團的創作。進入中國文化大學，先後畢業於史學系與藝術研究所。 1972 年，他赴法國留學，專注於藝術研究，於 1976 年返台，除了鑽研繪畫，也積極寫作，出版過多本詩集、散文與小說創作。他也曾擔任台灣早期重要美術刊物《雄獅美術》主編，對台灣美術發展有著深遠影響。他以美學為核心，長期推廣藝術教育，透過演講、寫作與繪畫，分享對人生與文化的深刻體悟。 自 2004 年起，他於 IC 之音電台主持「美的沉思」節目，並獲得 2005 年廣播金鐘獎最佳藝術文化主持人獎。2021 年起，與阿佑共同錄製「美的沉思　回來認識自己」Podcast 節目，讓美學更廣泛融入到生活之中。

在拜讀蔣勳老師的作品之前，我像一位理工宅男，較少涉獵文史哲領域。我過去寫作範圍也是以投資理財、商業企管為主，拜讀蔣勳老師諸多作品後，我脫胎換骨了，開始有一點點的哲學觀和詩意。他是我在哲學和文學領域的最重要啟蒙者，後來連美學也是。蔣勳老師對我人生帶來的巨大影響，後面還會有更詳細的描述。

美學，是生命之必需

儘管我很晚才開始接觸美學、藝術，然而卻是我現在最傾心的領域。

「中國美學之父」朱光潛先生認為，**美學不僅僅是關於藝術和審美，而是關乎人生態度與精神境界**。他強調美感教育對於人的性情陶冶，以及如何將藝術精神融入日常生活，他曾於《朱光潛談讀書》中說：

我能感傷也能冷靜，能認真也能超脫。能應俗隨時，也能潛藏非塵世的丘壑。文藝的珍貴的雨露浸潤到我的靈魂至深處，我是一個再造過的人，創造主就是我自己。

美學藝術是靈魂之所需，是生命力的泉源。藝術的價值不僅在於它的美，還在於它能喚醒人的思想和情感。

我在美學方面的命定之書，是蔣勳老師的《雲淡風輕：談東方美學》。在多數書店中，將此書歸類在華文創作、散文類，但內容主要探討中國、台灣、日本、東亞文化中的藝術、文學、建築、生活美學等主題，對我而言，它就是談美學藝術的書。此書帶給我的啟發：

1. 藝術如何融於生活

傳統藝術例如書法、繪畫、建築、茶道、園林藝術等，是如何展現出東方美學的價值觀，如平衡、寧靜、內斂、與自然共存，又如何在現代社會中實踐這種美學精神，提升生活的質感與內涵。

2. 留白的智慧

東方藝術講求「空」的美感，例如中國書法、山水畫中的留白，意味著無限的想像與深遠的意境。相較於西方美學強調對象的具體再現，東方美學更重視意象、感受與和諧之美，如日本的侘寂美學、中國宋代的文人畫風。

3. 生命的本質

「雲淡風輕」這四字，是蔣勳老師對於生命的領悟。他認為，東方美學是在漫長的歲月裡，領悟了時間的意義——生命是一個圓，周而復始。當生命可以前瞻、也可以回顧的時候，也就懂了雲淡風輕的意義。

從蔣勳老師的生平，我們可以領略到他說「周而復始」的意義。他小時候在大龍峒長大，是基隆河匯入淡水河的地區；隨著年紀漸長，他愈往下游去，住在八里，眺望一條大河入海，像是東方的長卷畫。

此書雖然談東方美學，但卻有濃厚的哲學意味。「讀書、讀人、讀靈魂」，在我拜讀蔣勳老師此書的時候，發揮到了淋漓盡致。受到他的影響，我明顯感覺到自己靈魂的頻率也因此改變，就算只有一點點，我整個人就著實脫胎換骨。

例如，我曾收到一位讀者家羚寫給我訊息，說她被闖紅燈的車子撞傷，造成顱內出血，傷及腦神經，喪失了一部分短期記憶。面對一條惶恐又漫長的復健之路，她向我求助。我回覆給她的訊息，就是被蔣勳老師啟發的一些感悟，經家羚同意，寫入《內在原力》後記。以下僅節錄其中兩段：

時間是一條巨流河，我們都是河裡的一滴水，和同伴們一起順流而下。儘管我們所知的時間不會倒流，但水的流速並不是固定的，在某些奔騰的時代有如瀑布般一瀉而下；有些苦澀的年代則停滯有如一灘死水。我們每一個人在河裡前進的速度也是類似的狀態，有時妳覺得自己走慢了，同伴走快了，有時相反。時間只是一種知覺，常有錯覺，佛家說人生如夢幻泡影，意識停止的時候，時間就不存在了。

無論我們在河裡多快多慢，最後抵達了出海口，投入大海擁抱的那一刻，真的會驚嘆回頭太難！旅程的快慢根本不重要，然而，有一天我們會像雨滴再度落向大地，就像「靈魂急轉彎」這部電影所演繹。生命的循環生生不息，海是我們的家、天也是、地也是，都是，所以不用急，不用擔心。妳不用急著把手上的書送到朋友手裡，因為早到也不一定就好，上天的安排，就是最好的安排。

看完以上這兩段，或許你也可以體會「美學，是生命之必需。」

對我來說，**藝術作品最能將我們的意識從現實中抽離，瞬間把一個人的靈魂投射到了另一個世界中**。在那個世界裡，我們可以純然開放的體驗任何感受，並且在其中獲得一些體會、一些想法，再帶著這些跳回我們原本的世界。

在那不同世界間跳出又重新跳入的過程中，是沒有時間感的。或許在真實世界只是一秒鐘，而在另一個世界裡的體驗卻是無限大——就像我們接近了質量或能量無窮大的物體一樣。從這個角度來看，**藝術作品是最接近造物主的**。

當我們在欣賞任何一件偉大的作品，無論是建築、繪畫、音樂等任何藝術形式，而撼動心靈深處的瞬間，往往會流下眼淚，那即是一種極致體驗、靈性體驗，但並不需要超自然力量，因為藝術作品就能辦得到。藝術創作就在人們生活周遭，不需要求助於神佛，人人都可以獲得美學的體驗，這是上天給我們的禮物。

巴塞隆納的聖家堂至今尚未完工，但卻帶給了無數人撼動心靈的體驗，而當初設計它的建築師高第去世後，人們是如此紀念他的：「高第是上帝派來的天使，他以石頭和光譜寫詩。」

我最佩服藝術家的地方，就在於「詩意」——人世間所有美的作品都帶著詩意，讓即便不識字的人，也都能有所感受、都能被感動。無論建築、繪畫、雕塑、音樂、舞蹈、戲劇、電影，都一樣，在靈性體會上都是一體的。

一個能體會美學的人，便能體會身為人的終極自由——心靈上的自由。每個人對自己的內心感受，有完全自主的權力和空間。

我認為，美學最具價值之處，就在於它是純然的主觀體驗。當你在欣賞任何一件作品時，你便創造了一個屬於自己的想像世界，由你去詮釋、去感受，甚至超越創作者所能想到的範圍。在那感動的一瞬間，不需要向任何人解釋，因為**你是自由的，你就是當下生命的主宰**。

例如，不同人看了日本繪本作家佐野洋子的作品《活了一百萬次的貓》，感受可能都不同。故事主角是一隻虎斑貓，經過一百萬次的死亡與重生，從沒掉過眼淚。直到最後一世，成為了獨立的貓，不再隸屬於任何人，他愛上了一隻白貓，與她共同生活、生下許多可愛的小貓，才真正體驗到生命的完整與幸福。白貓年老去世之時，虎斑貓哭個不停，直到自己也去世為止，終於沒有再轉世重生了。我讀完之後，聯想到的是赫曼．赫塞曾在《流浪者之歌》寫的這段：

無法達成的目標才是我的目標，迂迴曲折的路才是我想走的路，而每次的歇息，總是帶來新的嚮往。等走過更多迂迴曲折的路，等無數的美夢成真後，我才會感覺失望，才會明白其中的真義。所有的極端與對立都告消失之處，即是涅槃。

有些人在佛前求了五百年，只求一世的塵緣；也有人轉世重生一百萬次，只求一次的圓滿。這是我的感受，而且不需要任何人認同，這即是心靈上的自由。

在《命定之書》完成之際，我已活了七輩子（七個七年），但唯有最後那一輩子，才終於體會到心靈的自由。

當一個人愛上了藝術，在生活中體會了美的真義，便能明白生命的真諦。這即是圓滿，再也無所求。

一千本書，一千個分身

回顧了自己過去四十九年的歷史，猶如七輩子、七個不同的人生與閱讀階段，每階段喜歡閱讀的書籍類別都略有不同，我整理出表二，並且加上每年閱讀書籍總量、細讀的數量（都是紙本書）。

由於我十四歲之前漫畫閱讀量非常驚人（感謝我鄰座國中同學），而大學時期也

表二　我七個階段的平均閱讀量

<table>
<tr><th>階段</th><th>主要閱讀書籍類別</th><th>平均一年
閱讀書籍總量
（含速讀）</th><th>平均一年
細讀書籍量</th></tr>
<tr><td>7 歲之前</td><td>無</td><td>0 本</td><td>0 本</td></tr>
<tr><td>7 至 14 歲</td><td>兒童百科全書</td><td>2 本</td><td>2 本</td></tr>
<tr><td>15 至 21 歲</td><td>心理勵志、商業企管</td><td>10 本</td><td>5 本</td></tr>
<tr><td>22 至 28 歲</td><td>心理勵志、商業企管、投資理財</td><td>20 本</td><td>10 本</td></tr>
<tr><td>29 至 35 歲</td><td>心理勵志、商業企管、投資理財、文學</td><td>30 本</td><td>15 本</td></tr>
<tr><td>36 至 42 歲</td><td>心理勵志、商業企管、投資理財、文學、自然科普</td><td>50 本</td><td>20 本</td></tr>
<tr><td>42 至 45 歲</td><td rowspan="2">心理勵志、商業企管、投資理財、文學、自然科普、人文社科、哲學、美學藝術、宗教命理、醫療保健、生活風格、親子教養、童書繪本</td><td>200 本</td><td>50 本</td></tr>
<tr><td>45 至 49 歲
（寫《內在原力》起）</td><td>1000 本</td><td>200 本</td></tr>
</table>

大量看雜誌（感謝台大總圖書館，還有男一、三、五、七、八宿舍），實在難以估算，因此暫不列入。表二僅針對有獨立的書名、且非連載的著作來計算。

從表二來看，四十二歲以前，我仍在職，一年能細讀二十本書已是極限，四十二歲退而不休，成為全職的閱讀推廣者之後，閱讀量才有辦法大幅增加到上百本書。

四十五歲寫作《內在原力》開始使用我獨創的「ＩＣＥ閱讀法」（第七章會詳細說明），讓閱讀又提升到更快速度、更高的層次。

COVID-19疫情爆發至今已經超過五年了，很多朋友跟我說，那幾年時間過得很無感，因為幾乎都沒出國，甚至在疫情最嚴峻的時期都沒出門，像是白活了。我倒是不覺得，因為我有書。

當我讀龍應台《天長地久》的時候，我的靈魂就彷彿回到二戰前後，活在破碎土地上，去感受八十多年前的顛沛流離人生；讀蔣勳《品味唐詩》的時候，我跳到一千四百多年前的唐代，體驗李白和王維的境遇；看《藝術史的一千零一夜》（*Vincent's Starry Nights and other stories*），則跳到史前一千三百多年圖坦卡門（Tutankhamun）

時期的古埃及，還置身史前三萬多年前的法國洞穴中，感受著那些圍繞著火光手舞足蹈、留下彩繪手印的遠古人類們當下心境。

當許多人被困在原地，體驗著一種無奈的人生，我則是透過大量閱讀，讓靈魂投射到了無限多個時空。

書就是我們的分身，一千本書就是一千個分身，讓我們有機會體驗無限多種人生。

一個人，窮盡一生的時間，

建立屬於自己的知識體系，

那就是你一生的樣貌。

你的靈魂中，帶著所有你讀過的書。

第三篇　內化：

建立自己的知識體系

第六章

五種選書法，增加遇見好書的機率

「該不該當一個閱讀的雜食者？」有一天，我被問了這問題，實在很難回答。對我來說，就像被問：「該不該吃素？」可是，我是一年吃一千本書的人呀。

一位好友說：「愛瑞克是吃書的，不要送他食物，要送他書！」果然最了解我。一年一千本，平均來算一天三本，一日三餐，歲月靜好。只要有書，我就能活。

身為曾經是「會玩又會念書的人」（雖然只有國三那一年）的觀點，我真心覺得只讀單一領域的書太無趣，就像好不容易進到了迪士尼樂園，但是一整天只重複玩同一項設施。

若只對特定領域的書情有獨鍾，是挺浪漫，不過人生在世，很難不融入社會。地球人都面對很多挑戰，只靠單一領域的閱讀，很難應付人生的百轉千迴萬重難關。更重要的是，人在不同年齡和階段，喜歡閱讀的書籍類型會改變。年紀漸長，對於以前看過的書，也會有不同看法和感受。

我有一位大量閱讀雜食者的好友王大，也是志工團長，他跟我分享：

有時候相同的一個觀念，我們可能在當下不是很能理解（例如某些商業思維），但很常在其他類別的領域（例如自傳或回憶錄），突然開竅了，還可以延伸應用到對其他領域的理解——很有茅塞頓開的感覺。因此，跨領域閱讀往往帶給我們更多的啟發與獲得。我後來都建議朋友不要設限閱讀範圍，避免局限了自己思考的角度與廣度。

此外，閱讀可以助人、積福造命。為了幫助更多人，我就必須大量閱讀各領域的書籍，才能解決各式各樣的問題。在零與無限大之間，總有一個「最佳解」等著你發現。本章探討五種截然不同的選書方法，至少會有一個，不偏不倚命中你的需要。

給知識焦慮症患者的解方

進入談選書方法之前，先問問看自己，心裡是否曾經出現這些聲音：「新書上市的速度好快，我都來不及看，怎麼辦？」、「我買的書都看不完，怎麼辦？」、「書是不是快速看過就好？但是又怕沒學到精髓。」

把「書」換成「線上課」或其他知識或資訊來源呢？這些都算是「知識焦慮症」，只是程度略有不同。我的經驗或許可以幫你緩解這些焦慮。

「深度」和「廣度」二擇一即可，「數量」並非目標，而是長期累積的必然結果。對於自己所屬專業領域的書要讀得深，為休閒或愉悅而讀的書要讀得廣（蜻蜓點水無妨，愈是隨興、興致愈高），兩者都會豐富你的人生。

當你把特定領域讀得深、讀得透，那麼之後翻閱該領域相關書籍時，速度會快許多，因為九成以上內容都是你已知的，嶄新知識少之又少。如果你跨領域閱讀得廣，腦中知識庫會自動編織成一張網，從中心往外延伸擴散，閱讀總數自然不會少。

真正的新知並不會太多，一如美國傳奇操盤手傑西．李佛摩（Jesse Livermore）所說：「華爾街沒什麼新鮮事。」地球上的真理早就被前人說過，只是聽進去的人不多，所以必須換成不同人、不同的說法，一說再說。放過那些與你擦身而過的好書吧，因為只要有緣，將來一定還會遇得到！

至於面對種類繁多的書，該怎麼選？

根據我的經驗，不同領域的選書方法大不同。單一種方法，很難面對跨領域的選書需求。以下將介紹我自己最常用、實證有效的五種選書方法，每一種適用的類型都不同。

你可以先檢視一七四頁的比較表（表三），依照自己最想閱讀的類型，直接從相對應的方法下手即可。行有餘力，再多管齊下。

一、從經典找書

什麼是經典呢？美國作家亨利・大衛・梭羅（Henry David Thoreau）在《湖濱散記》（*Walden, or Life in the Woods*）中寫道：「書本是世界上最珍貴的財富，是每一

表三　五種選書法

選書方法	最適用的書籍分類
一、從經典找書	文學、哲學、美學、歷史、宗教命理等
二、帶著問題找書	商業企管、投資理財、心理勵志、人文社科、自然科普、醫療保健、宗教命理、語言學習、親子教養等
三、隨心所欲翻書	所有類別皆可
四、作者導向找書	所有類別皆可
五、KOL 推薦書	由特定專業領域的 KOL 來推薦好書

誠品「經典共讀 500 計畫」

特點一：誠品書店全台門市暨網路書店長期展售

特點二：六大類型、八種主題，收納五百本推薦書目

網址：https://www.eslite.com/exhibitions/CU202108-00025

個世代、每一個國家最妥適的遺產。最古老也最好的書，自然且適得其所的安放在每一間小屋的書架上。」梭羅認為的經典，是流傳久遠的世界名著。他曾獨自在瓦爾登湖（Walden Pond）附近的一間小木屋裡住了幾年，將荷馬史詩《伊里亞德》（*Iliad*）放在桌上，有空就隨手翻看一段，一看再看。後來，他在一八五四年發表《湖濱散記》，成了另一本經典之作。

《伊里亞德》約在西元前八世紀問世，與荷馬另一部《奧德賽》（*Odyssey*）雙雙成為西方文學經典，影響至今長達兩千八百年。連西元前三百多年稱霸歐亞非三洲的亞歷山大大帝（Alexander the Great），他在行軍征戰途中也一直帶著《伊里亞德》，在戰場上永不屈服的戰士，也折服於文學經典之作。**「經典書」是穿越悠久時空，產生廣泛影響的書**。

現今社會的許多行業，在十八世紀工業革命之前尚未被發明出來，因此對早期人們而言，專為特定行業而寫的書並不算多，主要以文學、哲學、歷史、宗教居多。

過去歷史上對於經典的定義，有很大差異。目前最具代表性的是諾貝爾文學獎

（一九〇一年至今），已經有一百二十多年歷史，得獎的作家和相關作品，都是萬中選一。

誠品書店曾做過「經典共讀五〇〇計畫」，十多年前由創辦人吳清友先生親自帶領推動，旨在「為經典找新世代讀者，為讀者找下一世代經典」。選書範圍極廣，涵蓋了各大分類，更能符合現代人們的需求。書單偶爾會有新的經典好書被納入，進行汰舊換新。我自己選讀經典作品，也會參考這份清單。

從經典入門的最大好處是你會掌握到該領域核心，獲得最基本的理解。像是爬樹，從最粗壯的樹幹開始，慢慢往上，開枝散葉，直上枝頭，望見繁花盛開——這是有脈絡可循的。到了尾端，高處不勝寒，你會落地，再從另一棵樹重新開始爬，像極了輪迴。閱讀天地的樹很多，絕對夠你用好幾輩子去爬。

我一位作家好友郭總綺跟我說，她以前就是到每一家書店，第一步會朝著中國古典文學、哲學、經典那一區奔赴的人。她這麼形容：

為什麼我跳過了暢銷書區域、也跳過了最賺錢的商業書區呢？因為我的出生環境構成我的認知不足以去評判時代的真假。但是經典是一條基準線，經歷過上千年的時代汰換淘洗，相較於當代人背後可能有的商業算計，以及個人思想的偏頗之處，當我沒有選擇的能力之前，我首選經典來閱讀。

猶記得我剛進台大求學的時候，一位教授跟我們說：「你們知道嗎？為什麼每一個學系的基礎入門課，通常由最資深的教授來教？不要小看了這些基礎知識，它們就是要能解決最核心、最根本的問題。往往只有經驗最豐富的老教授們，有足夠的智慧來為你們解答這些問題、打好後續進階學習的基礎。」我聽完，從此對台大的老教授們都是仰望的。後來我在閱讀一些經典名著的時候，心中也會浮現這段話。

從經典開始入門容易打好基礎，擁有多數讀者的共通語言，在這之上，建立自己的創作架構與鑑賞觀點。唯有能鑑賞別人作品的人，他們的作品也會受到人們鑑賞。如此一來，我們就不會永遠只是「純欣賞」的讀者，而是有機會成為一位創作者，同時，自己的作品也是具有基本可看性的，不會被譏為垃圾。

從經典開始找書，還有一大好處：經典只引用經典。**通常寫出經典之作的人，書中引用的多半也是經典之作**。能被供奉在偉大莊嚴寺廟中的，也只有大神大佛。經典之作、偉大寺廟與教堂，一同扛起人類文明傳承的重責大任。

例如，蔣勳老師《捨得，捨不得：帶著金剛經旅行》雖然在大多數書店被歸在華文創作、散文類，但裡面充滿了人生哲學、藝術美學。我讀了這本書，才開始接觸《金剛經》及其他佛經、弘一大師的作品、曹雪芹《紅樓夢》、卡繆（Albert Camus）《異鄉人》（*L'Étranger*）、一些宋元時代的詩詞、印象派畫作、鄒復雷名畫〈春消息〉、米開朗基羅（Michelangelo）的雕塑、日本永觀堂「回首阿彌陀佛立像」……這些全都是經典之作。

經典之作也是能與我們對話最久，陪伴我們走過漫長人生的最佳夥伴。伊塔洛・卡爾維諾（Italo Calvino）在《為什麼讀經典》（*Why Read the Classics?*）表示：「經典書籍是那些無論你何時讀，都會讓你感覺好像在重新發現它的作品，因為經典在不同年齡、不同時代，能與我們的人生不斷對話，而產生新的見解。」

只要你身上帶著一本經典，永遠也不會覺得孤單！

二、帶著問題找書

前面探討的「從經典找書」，多半屬於「非工具書」——並非用來解決眼前急迫問題的書，然而卻是生命之必需——從靈魂深處來重塑我們人生。

「工具書」則是可以專門用來解決特定問題的書。大多數專業領域的書，尤其是商業企管、投資理財、心理勵志、醫療保健、語言學習、親子教養等這些類別，讀者通常是先有特定需求進而尋找方法，所以「帶著問題找書」成了最高效率的方式。

日本第一的商業書推手土井英司，同時也是知名暢銷作家，已讀超過兩萬本日本

國內外的商管書。他建議，商管書最佳閱讀方式是只看對自己有幫助的部分。他在《一流的人讀書，都在哪裡畫線？》（一流の人は、本のどこに線を引いているのか）寫道：「閱讀商業書就像在挖掘鑽石，只要挖到鑽石，其他砂石都不重要。商業書只要看對自己有幫助的部分即可，實在沒必要整本都看完。」

雖然此觀點主要是針對商管書，但如果你希望增加閱讀量、擴大不同領域的涉獵範圍，也可以參考這樣做。如此一來，**閱讀總時數相同之下，可接觸到十倍量的書**（假設平均一本書只看最需要的那十分之一）。

數量和品質，該如何取捨？由你「當前需求」來決定。如果你恰好要轉職、跨入一個新領域，想透過閱讀書籍來解答一些疑問，那麼你便有了時間的急迫性，能帶著問題找書最有效率。如果完全沒時間限制，我當然建議你好好細讀，不要枉費了一本好書。

「工具書」既然可以用來解決特定問題，為此支付一整本書的價錢也都值得。況且，那些被你「暫時放下」的部分，將來有需要隨時可以再去翻閱。

帶著問題找書的唯一原則是「問題導向」——沒問題就跳過——書中有些部分你現在用不到的，就先不要花時間看；有些內容是你早就知道了，也可以跳過。例如，很多投資理財書談到股票、債券、外匯、房地產，甚至期貨和選擇權。如果你目前不想碰槓桿交易（外匯保證金交易、期貨、選擇權、認購或認售權證，都是高槓桿倍數的投資），就可以直接跳過談槓桿的部分。**若你的潛意識已經拒絕了它們，花再多時間，也不會吸收**。

「從經典找書」與「帶著問題找書」並不衝突。當你遇到問題時，可優先從大師的著作下手，比較不會走偏或誤信了某些神棍的荒謬說法。而當你尋找經典之作時，優先找你最好奇、最感興趣的下手。唯有一種狀況例外：你帶著問題找到一本經典好書，但因為程度落差太大而看不懂。

例如，全球最大避險基金橋水（Bridge Water）創辦人雷·達利奧（Raymond Thomas Dalio）寫的《大債危機》（*Principles for Navigating Big Debt Crises*）、《變化中的世界秩序》（*Principles for Dealing with the Changing World Order*）都是超大

格局巨作。然而，你若是投資新手，看不懂書中太多專業名詞和敘述（需要一定經驗或金融背景），可以不用急著看這些巨作，而是先從你看得懂的其他書來下手。等打好基礎之後，再更深入去探究。

「帶著問題找書」除了馬上解決當前問題，還有額外好處：提高專注力與思辨能力。當你想要把整本書看完，勢必要花很多時間，然而，其中一定有一些是「目前不需要」或「實在看不懂」的篇章，損耗你的專注力。你要學會放下、暫時跳過，才能維持高專注力的閱讀習慣。若總是「硬看」，無意間養成閱讀總是心不在焉的習慣，損失更大！

為何「帶著問題找書」還可以提高思辨能力呢？

《如何閱讀一本書》（*How to Read a Book*）提到，**一個主動的閱讀者，必須先問自己問題**。（例如：我希望學會什麼？作者想解決怎樣的問題？作者用什麼方法解決問題？）再翻開書，開始閱讀，從中確認自己想法是否正確，大腦會更積極運作來加以驗證與對比，比起單純瀏覽更能深刻記住內容。

當你帶著問題去翻閱不同作者的書，很可能看到不同的觀點，甚至是相互衝突的說法，這時你的大腦便會警鈴大作，想要弄清真相。如此便來到《如何閱讀一本書》所說的「主題閱讀」（Syntopical Reading）——對某一主題閱讀多本書，進行比較、歸納，形成自己的見解。這也是最高層次的閱讀，當你能讀到這層次，便能掌握該領域主要的觀點，也能夠對該議題有思辨與批判的能力。

「帶著問題找書」容易引發連鎖效應，看到更多不同作者觀點，達到「主題閱讀」層次。針對同一問題，若只聽一家之言相對危險，若誤解或誤信了某一偏頗觀點，將會得不償失——這就是「盡信書不如無書」。雖然出發點只是一個點（解決某個特定問題），但是很容易連結出去，變成一條線，並且在路上有更多新的發現。

我自己也常使用這個方法選書，盡可能讓每一個領域都達到「主題閱讀」的層次，降低誤判和誤解。例如，我想了解創業家們如何很早就擁有傲人事業成就，帶著這個問題去找書，無論是透過年度暢銷榜或KOL推薦書，應該都不會錯過《從0到1》（*Zero to One*）、《納瓦爾寶典》（*The Almanack of Naval Ravikant*）、《執行長日記》（*The Diary of a CEO*）這幾本好書。拜讀之後，會發現他們的觀點有不少相似之處，也有某些論點似乎略有牴觸，當你能夠歸納出共通點，並在相異點上探究出原因，那麼便達到了主題閱讀層次。這樣的閱讀不僅深入，記憶也會達到極高強度，尤其當你實際運用到生活中，大概一輩子不會忘了。

三、隨心所欲翻書

最能滿足我們隨心所欲翻書的地方，是獨立書店。她們遺世而獨立。有些彷彿是開在世界盡頭的咖啡館，需要GPS導航才找得著；有些是喧囂城市裡的孤島，等你推開一扇低調的門，才能確定裡面真的有人。

唯一確定的是，你很難撞見兩間選書高度相似的獨立書店。她們空間普遍較小，平均一家陳列至多三千本書（大型連鎖書店則往往可達十倍），而台灣每年上市新書

2019 年 11 月 25 日，愛瑞克於淡水雲門園區內的「大樹書房」談兩本命定之書：《雲淡風輕》、《捨得，捨不得》。該書房於 2020 年 4 月底熄燈。有些店一旦錯過就不在了。（攝影：Benjamin Jim）

多達三萬至四萬本，十年則累積至少三十萬本書。獨立書店就算只挑最近十年的書，也必須「百中選一」；若將百年經典都考慮進去（不少文學或哲學作品歷史更悠久），就得「千中選一」。

她們都自成一派——獨立書店負責選書者的個人偏好與風格，往往讓每家店獨樹一格，吸引人的絕不是優惠價格，而是以選書及策展的用心來款待讀者，這樣的附加價值總是物超所值。我稱獨立書店為「她們」，像母親，孕育呵護每一位店主人與愛書人的夢想；也像美人，誰知傾國傾城，佳人難再得，有些店一旦錯過就不在了。

我是愛書人，是她們的孩子，也是仰慕者。我把造訪每一間獨立書店視為一期一會的生命禮物，帶一本「禮物」回家，就像參訪寺廟會帶走一首籤詩、奉上一點香油錢——與我的萬分敬意不成比例。二〇一九年十一月，我在淡水雲門園區內的「大樹書房」談兩本命定之書：《雲淡風輕》、《捨得，捨不得》。結束時，我讓所有參與者在書店內每人任選一本好書帶回家。沒想到該書房竟然隔年四月底熄燈。

我在獨立書店內的時間總是獨立於生活之外，不會因時光的沖刷而斑駁淡忘，而是被封存在最深處的永凍層。每一次的造訪都凝結了時間，每一畫面都是剎那即永恆——宛如天堂。

那是我的專屬天堂，你的要自己找。只要你走進任何一間獨立書店，就會開啟一趟獨立的時光旅行，你可以恣意如蜻蜓點水，展開一段手和眼的徒步旅行——方圓五公尺和一刻鐘就能幻為宇宙，因為真正的體驗在方寸之間。

獨立書店提供兩大體驗：別致的主題選書、獨特的場域空間。

有別於連鎖書店常以「類型」區分，獨立書店常以「主題」陳列，讓跨類型書籍有機會依偎在一起。你若喜歡貓，可能會在連鎖書店的「生活風格」書櫃找到養貓的書。但是，可能會錯過「童書」類別中聲勢浩大的貓咪繪本；「人文社科」書櫃有一系列《如果歷史是一群喵》；「心理勵志」書櫃則有《貓是最好的人生教練》（*Agir et penser comme un chat*）；「文學小說」有夏目漱石的成名作《我是貓》（吾輩は猫である）。獨立書店是找到更多可能的地方。

至於獨特的場域空間，則包含了一切感官體驗。有如策展空間，除了書，還會有植栽、裝飾、選物、咖啡與食物，形成的氛圍和氣味總是獨一無二，讓我們置身其中的閱讀體驗更顯獨特，記憶也最深刻。

「獨角獸計劃」創辦人李惠貞向來是獨立書店的最大擁護者。她創立「獨角獸計劃」基於以下幾個信念：

1. 閱讀紙本書，是人類最有價值的能力之一。
2. 書店，不只是賣書的地方，它能提供人生的指引。
3. 讀書不能強迫和規定，一定要自願且自發。
4. 任何事都可以企劃思考方式解決問題並提供創意。

對孩子來說，「獨角獸計劃」希望讓他們知道，學習和閱讀的快樂，在考試和分數以外；不要因為體制內的教育，扼殺了對閱讀的興趣。希望每個孩子，永遠不要失去對學習的熱情，並且能從閱讀當中，持續保持好奇心與想像力。

對大人來說，「獨角獸計劃」希望能成為一種探索自己的方法。不論是在工作中遇到瓶頸、生活中遭逢困境，或是單純想為刻板的生活尋找一點新鮮的動力，都能在這樣的活動中得到一些慰藉和指引。

以上這些理念，與此書第七章〈用ＩＣＥ閱讀法與筆記法，打造知識體系〉有高度相關性，都是主張以興趣、探索為導向的閱讀，最能夠啟發創意與創造力。「隨心所欲」的選書，關鍵在於「不帶特定目的」。如此，才能極大化與未知相遇的面積。李惠貞在《給未來的讀者》寫道：

我還是不傾向從「有用」角度看待閱讀和學習，那又會像在學校裡為應付考試一樣，愈來愈遠離閱讀的樂趣。一首詩有什麼用？夕陽、星空、孩子的微笑，有什麼用？但你仔細回想，促成我們生命中美好時刻的事物，大都不那麼「有用」。我們應該推動「為無目的而閱讀」。享受和某本書相遇的緣分，讓好奇就是目的本身，不為我們的功成名就服務，也不為他人期待，單純為心靈充實和美妙的體驗而去接近和歡迎書的到來。然後，我們才會得到做這件事真正最大的愉悅。

成為自由工作者之後，我很少為了工作目的專程去挑書，然而很有趣的，所有的閱讀幾乎都會變成工作的靈感。一方面選書原本就是呼應心裡的關注自然形成的雷達，不需要刻意；另一方面，**不經意讀的書自會形成一種貫通，延伸了原本思考的層面，自動取得連結**。好像腦袋裡有個縱橫交錯的路線圖，因為某幾本書，點連成線，多了新的路徑，通往新的世界。

我深深認同。

一首詩有什麼用？夕陽、星空、孩子的微笑，有什麼用？體驗，本身即是目的。

「隨心所欲」的選書，最大的好處，會激發一個人更多靈感。當你造訪不同風格的書店，隨興翻閱不同領域的書，就像蒐集化學元素的過程。你只要翻閱過某些書，看過了某幾句話，就會在腦海裡留下印象。這些元素在你的大腦實驗室中，會自動攪拌（而且不用插電、也不用算時間），產生新的「化合物」——特定神經元彼此相連，產生了有意義的連結，誕生了創意、創造力。

例如，我因為看過二〇一四年上映的「星際效應」這部科幻冒險電影，很令我震撼，然而，當時我不知道市面上有相關的書。多年之後，我逛金石堂書店時偶遇「回頭書特展」，才發現了《星際效應》同名書籍。

該書作者是「星際效應」電影的科學顧問，基普・索恩（Kip Thorne），也是二〇一七年諾貝爾物理學獎得主。他在《星際效應》書中提到，可見宇宙（The Visible Universe）包含數量超過一兆以上類似「銀河系」這樣的星系，最大型的星系包含了好幾兆顆恆星，而最小的也有千萬顆之多，這讓我腦洞大開。這本書也是啟發我寫出《內在原力》的重要元素之一。例如《內在原力》書中有一段：

遍布整個宇宙中的恆星，有如恆河沙，如果要分配給地球上每一個人的話，目前七十八億人口每個人可以分到十的十二次方以上，也就是一百多億顆恆星，若每個人要為自己負責的恆星命名，光這件事，我們不眠不休忙一輩子都忙不完！這給了我們什麼啟示？這個世界太大，大到絕對可以容得下任何人的成就，不用擠，不用搶。

要不是我巧遇了《星際效應》這本書，我根本不知道宇宙到底有多大。此外，要不是讀了《金剛經》，我壓根也不會想到「恆河沙」這名詞。

若以特定問題導向去選書，並不會去找到《星際效應》和《金剛經》這兩本看似毫不相干的書。**因為不期而遇，兩個新元素在我的腦中碰撞在一起，結合成一個全新的化合物**。這就是迸發創造力的地方。

平均來說，一本書包含數萬字到數十萬字不等，容納上千個名詞、數百種觀點；兩本書的元素相碰撞，就會產生無數多種組合，其中不乏獨創見解。創作的世界太大，絕對容得下任何人的成就。

四、作者導向找書

以作者為導向的選書、找書，尤其知名人物最顯而易見。

通常，一位作家去世時，他所有的相關著作會迅速躍居暢銷排行榜前幾名。因為人們心裡有數，將來再也看不到他的新創作，或聽他口述新的觀點了，只能透過既有作品來了解他、紀念他。

當然，也未必非得如此悲壯。當某位作家突然出名（例如獲獎），或有新作品上市而在社群媒體上被討論，都可能引發你的好奇心，上網搜尋相關資訊。媒體專訪報導或網路相關文章雖容易取得資訊，但是唯有書籍，是深入了解一位作者最好的媒介。

作者導向找書，通常始於好奇，終於人品。

我在第二章〈讀書、讀人、讀靈魂〉談到，當你透過一本書與作者對話，深入體驗到作者的體驗，可能會產生一股內心的悸動，你可以分辨出兩個不同人的頻率，出現了交集。此時你可以選擇，將作者的思維和性格，融入你的靈魂頻率中（因此你的頻率會產生些微的改變），以這個混血後的靈魂繼續踏上未來旅程。你也可以當做純粹的體驗，讀完書就「放下」（先放手，再放心），讓這一段短暫的交集如雲淡風輕。當然也有中間選項。百分之一到百分之九十九，任你決定！

最後我們會吸收多少比率，是終於人品。一位言行一致的作者，更能散發出專屬的獨特魅力。因為頻率穩定，不會變來變去，於是我們能更清楚辨識出作者看不見的特質，進而受到吸引。

我曾在尼爾．泰森的《宇宙必修課》（*Astrophysics for People in a Hurry*）書中讀到，有科學家稱呼自己是「核廢料」——**我們都是一百三十七億多年前，宇宙大爆炸之後所遺留下來的產物**。我覺得太有趣了！泰森的幽默感與親和力，打破過去我對科學家「不太好相處」的刻板印象。我趕快跟好友Jaff分享那一段，他也馬上被圈粉，要我稱呼他「核廢料J」，之後我們一起讀泰森的作品。

有一次「核廢料J」心血來潮問我：「一個人究竟能夠多成功，最主要取決於什麼？是天賦嗎？熱情嗎？努力嗎？還是機運？」

我回答：「是品格。一個人終其一生，幸福與成就的高低，主要取決於他的品格。」

所謂品格包含人品和格局，涵蓋了各項人格特質、內在涵養以及價值觀，是透過長期修養內心，以及處世的經驗所累積的，無法速成；凡是能夠速成的都不會是決定人生最終成敗的關鍵因素。

一個人的品格，是他一生所有看過的書、遇過的人、聽過的話的總和。這就是靈魂的混血過程。

作者導向選書，最常見的是傳記、回憶錄。尤其是自傳，最能顯現出一位作者鮮明的人格特質。自傳的特點在於大多數使用第一人稱視角，當你讀書中的文字，即是直接以作者的眼睛去看世界，完全不需要轉換視角。因此，我們更容易融入到作者當下的感受，進入當時的情境中體驗。將來遇到類似的情境時，那些經驗可以直接供你借鏡。

我讀的第一本傳記類書籍是嚴長壽先生的《總裁獅子心》，第二本是一九九八年上市的《張忠謀自傳上冊》。我大學剛畢業時，張忠謀先生六十七歲，該書包含他三十三歲前，從小到大的成長歷程，以及任職於美國德州儀器期間，初試啼聲就一鳴驚人。果真書如其人，自傳上冊出版轟動全台，熱銷數十萬冊，二〇二四年推出《張忠謀自傳下冊》，再度震撼書市。

我與張忠謀先生年紀相差四十五歲，想拜讀他的自傳是因為我們同為巨蟹座，我很想了解他做的選擇和我會有什麼不同——這是作者導向選書的一種範例，只要你喜歡、感興趣就可以。

國外知名的自傳或回憶錄，多半是歷史上重要政治人物，例如《從卑微到偉大的斜槓偉人富蘭克林》（*The Autobiography of Benjamin Franklin*）、《我對真理的實驗：甘地自傳》（*GANDHI*）、《漫漫自由路：曼德拉自傳》（*Long Walk to Freedom*）、《丘吉爾》（*Churchill*），都是享譽國際的經典之作。

你可多去書店翻閱任何一位名人的傳記，只要書中任何一段心路歷程觸動到你，就代表你和他的靈魂有交集，就值得買回去。就算後來沒讀完，當作是收藏也好。只要有這一本書在，你就會像有了靠山，也會添加幾分的信心。當你遭遇困難的時候，回頭翻一翻，一定會有新的發現、獲得新的力量。**你的內心曾被作者觸動過，就會一直留在你的潛意識裡**，這就是靈魂混血的意義。

除了政治人物以外的自傳，我也讀過幾本令我大開眼界的好書。例如《一個瑜伽行者的自傳》（*Autobiography of a Yogi*），這本是賈伯斯生前的最愛；後來，我也讀《賈伯斯傳》（*Steve Jobs*），此書為許多創業家們最愛的傳記。作者導向選書，你會看到，經典總是引用經典，都成了傳奇。

另外有些書，雖然是以人物為主軸，但並非以編年史方式，而是以特定主題或某一期間書寫有如「斷代史」，例如《蒙格之道》。好友天鵬跟我說《蒙格之道》是影響他最深的一本書。他這樣形容：

> 蒙格可以把別人口中生硬的投資理財，講得非常貼近生活與常識，容易吸收，他的幽默、直言不諱和對愚蠢之人的嘲諷，常常讓我啞然失笑——不拐彎抹角、不說場

面話，卻又能顧及他人的自尊。我深深喜歡並敬佩這位老朋友。原因無他，因為**他的思考方式與幽默風格讓我感到嚮往與共鳴**。

我學習蒙格的方式，用自身故事、實際案例和哏圖來分享經驗，讓對方能夠在莞爾一笑的同時，能自己去理解與思考問題，而不是由我單方面灌輸。我也學習蒙格總是保持謙遜的態度，願意大方承認自己可能出錯、自己不是完美的人，當我與朋友或後輩交流時，**我努力保持開放的心態，鼓勵他們提出問題、挑戰我的觀點，因為這樣的交流，才能真正促進雙方思辨與成長**。

多年來，在「高手的養成」臉書社團中，天鵬一直是最活躍的版主之一，在他拜讀《蒙格之道》達到靈魂混血之後，他每一篇貼文總是社團裡最熱門、最受期待的。

五、KOL推薦書

在台灣，有幾位致力於推廣閱讀的KOL，例如鄭俊德、蔡淇華、李惠貞、楊斯棓、宋怡慧、瓦基、RBR-Ryan讀書房、張修修，他們涉獵的範圍很廣，幾乎各大類型的書籍都有納入他們選書、推薦範圍。

其他多數KOL普遍是在專業領域，擁有極大的聲量和影響力，加上本身熱愛閱讀，自然成為相關領域的好書推薦者。我列舉幾個領域，以及我自己有在追蹤的幾位KOL如下：

- **商業企管**：謝文憲、郝旭烈、吳家德、許景泰（大大讀書）、吳淡如、丁菱娟、林之晨、洪雪珍、江湖人稱S姐、劉奕酉、布姐的沙發、Miula等。
- **投資理財**：陳鳳馨、雷浩斯、財女Jenny、綠角、游庭皓、股市隱者、市場先生、艾克斯等。

・**心理勵志**：吳若權、劉軒、蔡康永、周慕姿、洪培芸、Vito 大叔、歐陽立中、蔡宇哲、路隊長等，還有多位知名心理諮商師。

以上多位都有自己的 Podcast 頻道，或主持廣播節目、經營粉專、撰寫專欄、定期在公開場合分享好書，只要用以上名稱搜尋，就可以迅速找到。

至於文學、哲學、藝術方面，領域細分很多元化，相對分眾，因此一定要先選擇你真正感興趣的細分類，再去了解該細分類有哪幾位 KOL，看他們推薦的書。

KOL 推薦的書也可能橫跨不同領域，以我自己本身為例，主要涉獵的是商業企管、心理勵志、投資理財，這三類的書籍我都寫過，所以只要出版社有這幾類的新書上市，都可能找我推薦。

好友袁上雯既是醫師（一家診所的院長），也是一位很懂得生活品味的作家。累積多年的看診經驗，並受到患者故事的感動，她想要把心裡的感受化為文字記錄下來。為了讓文章寫得動人，特地去找作家謝文賢（貓印子老師）學習寫作，因此認識了許多文學界的創作者。她的著作《所有的表面，都是功夫》既是散文，也是皮膚保養常識的工具書。

她說，有一天好友邱瀟君（是多項文學獎的得主）找她一起去向嚴忠政老師學詩，原本她想婉拒，因為對詩一竅不通，但因為瀟君的一句話：「學一些有詩意的句子，把它們放進散文中，那文章就會變得很厲害。」她就去了。後來，袁醫師常推薦文學類的書籍，小說、散文、詩集都有，甚至還有教人穿搭以及美食行旅的書。

所以，一位KOL可能跨足多重領域，推薦不同種類的書——跨界幅度可以非常大，端看機緣造化。將來你讀的書種類多了，自然也會向朋友推薦很不一樣的書。

參考KOL推薦書，最大優點是選擇多、可以交叉比較，而且通常不太會錯過值得看的新書。經驗豐富的KOL也會以精煉、口語化的方式，分享一本書的核心內容，幫助讀者迅速理解書中重點。

有些人擔心利益衝突，像是「業配」，而非真心喜愛的書。這個問題不大，因為目前在台灣，以上KOL主要非以業配維生。就算出版社要用錢收買，也難以給到值得KOL昧著良心代言的機會。

我認為，參考KOL推薦書只有一個最大的缺點，是怕抓錯重點。選書是非常主觀的，而且都帶著個人偏見。就算KOL很喜歡一本書、大力推薦，不代表你會喜歡而且適合。一味聽從某位KOL推薦書，照單全收，可能有一半會讓你失望。要解決這個問題的最簡單方法，是自己找時間去書店翻閱實體書，確認內容是你喜歡且適合你的，再買回家閱讀。

然而，KOL也不一定要是知名的網路大神才能幫助到你。我的好友天鵬就曾分享一段他憂鬱症的經歷：

> 我無意間發現了一個小小的粉絲專頁，該作者介紹的書籍正是我命中注定的書《未來預演》（*Breaking The Habit of Being Yourself*）。至今，我依然心存感激，感謝她那微不足道的分享，卻對我的人生軌跡產生了深遠的影響。書中運用了大量的物理實驗來佐證論點，這啟發我深入研究量子物理，並將所學知識反過來加強了我對書中

理論的實踐，提升了信心，真正達到了理論與實踐相輔相成，互相促進的境地。

在此期間，我不幸罹患了憂鬱症，陷入了困境，焦急的尋求脫困之道。最令我感激的，是在YouTube頻道上聽到身心科醫師馬大元的節目。在他的某一次分享中，深入介紹了《身體知道答案》，他的介紹激起了我對這本書的濃厚興趣，讓我覺得這或許就是能拯救我生命的書籍。讀完後，我深深感受到，這本書確實是我命中注定的良師益友，給了我重新振作的力量。我也把此書分享給幾位好朋友，讓這些充滿正能量、教導我們如何與負能量共存的知識得以廣泛傳播，並惠及更多需要的人。

表四介紹了這五種選書方法各自的優、缺點，並非被我列在較前面的方法，就是較優的選項，純粹只是以方便解析的架構來排列。

表四　五種選書法的優、缺點

選書方法	主要優點	主要缺點
一、從經典找書	1.經典通常引用經典 2.學習上有脈絡可循 3.有助於讀者變作者	經典需經時間考驗，數量並不算多
二、帶著問題找書	1.短時間可馬上解決當前問題 2.可提高專注力、思辨能力	若只讀一本，未必能獲得最佳解，而且可能略帶偏見
三、隨心所欲翻書	1.可以接觸到更多原本沒留意到的好書 2.拓展知識疆界、激發更多靈感	不帶特定目的而讀，所以較難衡量成效
四、作者導向找書	1.更容易深入了解一位作者 2.較容易達到靈魂的混血	較容易有閱讀偏食症，落入特定同溫層
五、KOL 推薦書	1.選擇多、可進行交叉比較 2.不會讓你錯過值得看的好書和新書 3.可縮短時間去理解一本書的重點	容易落入 KOL 的主觀偏見與特定喜好範圍

第七章

用 ICE 閱讀法與筆記法，打造知識體系

這一章，將完整破解我每年讀一千本書的方法。

有讀者好奇，我從原本國中成績普通，考上台中的第二志願高中（台中二中），再考上第二類組的第三志願（台大資訊管理系）、研究所第一志願（台大商研所），是用什麼讀書方法？我用了一種很高效能的讀書方法，不過，並非準備考試專用，能引發讀書興致才是關鍵，這對絕大多數閱讀型態都適用。

這套閱讀方法，我命名為「愛瑞克ＩＣＥ閱讀法」，簡稱「愛式閱讀法」或「ＩＣＥ閱讀法」，讀音都一樣。一旦你會用，也會愛死了閱讀，從此書不離身。

ＩＣＥ閱讀法，愈讀愈有趣

ＩＣＥ分別代表：Image（印象）、Choose（選擇）、Explore（探索）。

一年若想細讀一千本書，時間絕對不夠。必須先速讀、篩選好書進行細讀、有興趣再延伸閱讀。ＩＣＥ三階段的目的分別是「為自己時間把關」、「為閱讀品質把關」、「為閱讀樂趣把關」。這三步驟簡介如下（表五）：

1. **印象（Image）**：先用速讀法對一本書留下印象。
2. **選擇（Choose）**：選擇五分之一的書進一步細讀。
3. **探索（Explore）**：延伸閱讀探索相關有興趣的書。

選擇「五分之一」的書細讀是通用原則，不管你閱讀量多少，都適用。如果一整年只想好好細讀兩本書，那麼就從速讀十本書開始，從中選出兩本進行細讀，讀完意猶未盡，再去挑兩本相關的書進行延伸閱讀，這樣結果會是一年讀了四本書。基本上，按照ＩＣＥ閱讀法，通常閱讀量一定會比原來的習慣提升兩倍、三倍，多則十倍以上。

我現在是全職閱讀者，每天平均閱讀八至十小時，也擔任過金石堂第一屆愛書大使，以及幾家企業的閱讀推廣大使，閱讀極限是一年速讀一千本，從中篩選五分之一

表五　ICE 閱讀法的三個步驟

步驟	目的	主要執行方式
I：Image（印象）	為自己**時間**把關	先用速讀法對一本書留下**印象**
C：Choose（選擇）	為閱讀**品質**把關	**選擇**五分之一的書進一步細讀
E：Explore（探索）	為閱讀**樂趣**把關	延伸閱讀**探索**相關有興趣的書

的書進行細讀，再循著興趣尋找相關的書做延伸閱讀（同樣會經過速讀篩選、然後才細讀），一整年大約細讀兩百本書。

然而，我在大二之前，是一個完全不讀課外書的人。雖然較晚開始，但很快上了軌道，關鍵就在於ICE閱讀法會引發閱讀興致，自動想要去找書來看，閱讀速度也會自動加速。

接著，我將逐一深入解析，每一步驟的執行細節。

I：對一本書留下印象（Image）

先用「愛式速讀法」對一本書留下印象，目的是為自己的時間把關。以我自己為例，「一千本」從來不是目標，而是結果。但為什麼一整年時間只夠好好閱讀兩百本書，卻要速讀一千本書呢？有兩個關鍵原因：

1. 速讀是細讀的前哨站

每個人能夠閱讀的時間是有限的、專注力也是。即便我是一位全職閱讀者，一天讀十小時的書就會非常疲勞，無法再繼續。因此，速讀是為後續的細讀把關，要過這一關的書，才值得花時間（及專注力）細讀。

這麼做，可以避免把明明讀了沒有很喜歡的書，或太深、或太淺、或不適合自己現階段閱讀的書，卻硬著頭皮花時間把它看完，不僅沒效率，也不會有收穫。因此，被選為要細讀的書，應當都是難易適中、最喜歡也最需要的書，讀起來才會有效率和效果。

2. 增加遇見好書的機會

把時間花在細讀一本書，也就放棄了遇見其他書的機會。然而，你永遠不會知道，哪一本會是你的命定之書（只有事後回顧時，才能明白）。因此，若你的閱讀極限一年十本，可以先從速讀五十本開始，這樣才能放大遇到命定之書的機會，同時也擴大你與更多未知領域的接觸面積。

至於，沒有被選為細讀的書，並不是捨棄、遺忘，而是在腦中留下了全書的核心觀念、主要的印象，留待將來真正需要的時候，隨時可以找來進一步細讀。倘若不如此為自己的時間把關，很容易陷入一個常見錯誤：買了書就捨不得放掉，明知不適合自己，仍硬是花時間看，看見後卻沒有留下太多印象。**時間是需要靠適時停損來維護的**。

在金錢投資的世界裡，一定要懂得停損；而閱讀是時間的投資，當然也要會停損。時間是比金錢更寶貴的資產，專注力又是比時間更珍貴的資產。

前一章分享了五種實用的選書法，都是「初階篩選」，拿到書之後，還要透過速讀「進階篩選」：速讀的過程同時完成篩選，為後續的細讀做準備。如此，形成兩階段的篩選方式。然而，有些書不適合速讀，可參考表六；適合速讀的書，我則使用自創的「愛式速讀法」來進行。

表六　五種選書法（初階篩選）與速讀（進階篩選）

初階的五種選書方式	適用的書籍類別	是否用速讀進階篩選
一、從經典找書	文學、哲學、美學、歷史、宗教命理等	不宜速讀，要細讀
二、帶著問題找書	商業企管、投資理財、心理勵志、人文社科、自然科普、醫療保健、宗教命理、語言學習、親子教養等	大多數可速讀
三、隨心所欲翻書	所有類別皆可	依照心情，可速讀或細讀
四、作者導向找書	所有類別皆可	大多數可速讀
五、KOL 推薦書	由特定專業領域的 KOL 來推薦好書	文學、哲學、美學、歷史、宗教命理不宜速讀

我的速讀方式，稱為「愛式速讀法」。愛式速讀法最大好處，是可理解一本書半數以上重點，且不會產生煩躁感。

若依一般人閱讀速度，細讀完一本書通常至少要五小時，而愛式速讀法只需花半小時，相當於十分之一的時間，就足以掌握整本書的架構、作者主要論點，並且針對特別感興趣的關鍵字做了初步瀏覽。速讀最重要的目的是篩選，決定值不值得再花將近十倍的時間去細讀它。

在ＩＣＥ閱讀法的第一階段（Ｉ）使用「愛式速讀法」有兩大目的：對整本書留下印象（Image）、決定要不要繼續花時間細讀這本書。

在第一階段，不需要讀懂，表七的「愛式速讀法」三個步驟幫助你在三十分鐘內，迅速掌握一本書。

表七　愛式速讀法的三個步驟

步驟	所花時間	閱讀範圍	該步驟主要目的
第一步	5 分鐘	書封、目錄、前言	快速掌握整體架構 • **書封：**了解此書主要探討的議題 • **目錄：**了解全書包含了哪些章節 • **前言：**了解作者寫此書主要目的
第二步	5 分鐘	每一頁花一秒鐘，快速瀏覽大小標題、關鍵字（名詞）、圖表	掌握整體架構、了解核心論點 • **標題：**了解每一頁主要探討的議題 • **關鍵字：**抓住陌生的名詞 • **圖表：**通常是書中重點濃縮精華
第三步	20 分鐘	像讀報紙一樣，針對你特別想看的章節或段落，快速瀏覽其內容。沒興趣的、已知的，都可以跳過	了解作者主要觀點、獲得新知 • **章節：**針對全書你最感興趣的標題，閱讀裡面每一段落 • **段落：**以平均五行為單位，尋找其中的關鍵字 • **關鍵字：**針對陌生的名詞，或你不熟悉的概念，加以細讀

C：選五分之一的書細讀（Choose）

這個階段唯一目標是為閱讀的品質把關，執行方式是在前一階段（I）速讀完成後，挑出五分之一的書進行細讀。

為什麼只挑五分之一的書細讀？

根據我大量閱讀的經驗，以及眾多讀者朋友們的反饋，真正值得花時間（至少五小時，甚至好幾天）去逐句細讀、從頭讀到尾，而且讀完又不會後悔的書，通常不會超過五分之一。

很多人都是「硬讀」，明明不適合，卻又花時間硬是把書看完，結果不僅無法吸收，更損害了閱讀的興致。**「硬讀」所產生的煩躁感和厭惡感，會讓人的潛意識中，對閱讀產生抗拒**，下一次要再自發性拿書來讀，恐怕是很久以後的事了。因此，在這個選擇（C）階段，要把握表八的兩個標準：難易度與興致度。

若遇到一、兩本較難的書，超出你目前程度許多，但你真的很感興趣、很想要

表八　細讀的兩個選擇標準

標準	說明
難易度	1.**選擇細讀：難易度適中的書。**平均而言，一本書中有一半內容原本就懂，另一半是新知，效果最佳。 2.**先剔除：太過簡單的書。**若大部分內容都是你已知，則建議改選其他同類型書中，有兩成到八成是你不甚了解的書。 3.**再剔除：太艱深難懂的書。**先尋求相對較好入門的，打好基礎之後，再來進階研讀較為艱深的書。
興致度	1.**選擇細讀：最想看的書。**只要你翻開一本書，速讀過程光看目錄、內容的大小標題，就很想整本都看，你就直接選來細讀。 2.**剔除：煩躁感和厭惡感。**倘若在速讀的過程，發現內容並不是你真正感興趣的，或遣詞用字上讓你讀來很痛苦，或你對作者的風格或形象有厭惡感。這些都不會帶來美好閱讀體驗，請先放下，或許將來有緣時再看就好。

看，那麼就放慢速度好好讀它。用「交叉閱讀法」，讀累了休息一下，改讀其他較輕鬆的書，彼此交替，可減少疲勞感。我的書桌上，平均會放三本書，是在同一天交叉閱讀的（也符合我的平均閱讀量一天三本），至多五本。

至於文學、哲學、美學、歷史、宗教命理這幾大類，既然無法速讀，那麼又該如何選書？如何增進閱讀速度？我建議從目錄、前言、第一章開始讀，大約五分鐘後，倘若還很想繼續看，就讀三十分鐘（通常這時已讀了全書十分之一），再做出決定：這一本是要全部細讀？還是先放下？把時間保留給其他更想看的書？

一旦你決定要細讀一本書，那麼它就是排名前百分之二十的代表，就值得你花時間細細品嘗。我通常會花五小時到三天左右時間來細讀一本書，同時間會選其他幾本不同類型用來「交叉閱讀」的書，交互掩護前進——確保閱讀的興致和專注力不被破壞。

E：從樂趣出發探索其他書籍（Explore）

這個階段唯一目標是為閱讀的樂趣把關。執行方式是在前一階段（C）細讀完成後，決定要不要去尋找相關主題的書，進行延伸閱讀。

樂趣是唯一重點。

為什麼有些人不喜歡看書、沒有養成閱讀習慣呢？關鍵是沒有找到樂趣。不喜歡的事情卻硬要做，不可能長久，尤其若是被迫去做的話，甚至會恨它一輩子。

有一位讀者問我：「如何培養閱讀的專注力，能專心又不耗神？」

我反問他：「你讀到最喜歡的內容，會耗神嗎？會不專心嗎？」不會吧。

若挑自己感興趣的書來看，不僅避免了厭惡感，最重要的是會挑起閱讀的熱情，急著想要看更多書。漫畫就是典型例子。我小學一年級讀《國語日報》，就是連載漫畫引發我閱讀的樂趣，每天都期待看到更新的發展。我國一時常去同學家的漫畫店，也是一樣，這種興趣引發的渴望，很難抵擋。

並不是僅限於漫畫，近幾年興起的網路連載小說，火紅程度更勝於漫畫。厲害的作家們，用文字創造出的想像空間，以及讀者自己的「帶入感」都非常強烈，讓人半夜不睡都想要追進度。

當你讀到某一本書，引發你對該內容強烈的興趣時，也會有想要「循線追查」的欲望。小說、旅遊指南、生活風格、宗教命理、心靈成長這幾類的書，或當你迷上了某位作者，最容易引發這種連鎖效應，讀了一本，很想再讀下一本，閱讀的興致是最濃烈的。

在探索階段（E），千萬不要為了找書而找書，為了延伸而延伸，那不僅沒有幫助，甚至可能產生厭煩，損害了閱讀樂趣。表九整理了我最常用的延伸閱讀方式，幫助我繼續延展閱讀的樂趣。

你可能會好奇，這樣會不會永遠都只讀同一類書籍，而錯過其他更適合的類型？這個擔心是多餘的，因為一定是要先從某一類開始，當你讀出了興趣、養成了看書的習慣，才容易再擴大範圍。在探索階段，你的「循線追查」會從原本的一個點（你接

表九　五種延伸閱讀的方式

初階的五種選書方式	適用的書籍類別	如何延伸閱讀
一、從經典找書	文學、哲學、美學、歷史、宗教命理等	書中提到的其他經典之作
二、帶著問題找書	商業企管、投資理財、心理勵志、自然科普、醫療保健等	書中提到的其他書，或能夠解決類似問題的其他書
三、隨心所欲翻書	所有類別皆可	書中提到的其他書，或作者的其他著作
四、作者導向找書	所有類別皆可	作者的其他著作，或作者的啟蒙恩師寫的書
五、KOL 推薦書	由特定專業領域的 KOL 來推薦好書	KOL 提到的啟蒙書，或不同 KOL 都一致推薦的書

觸到的第一本書），連到下一個點（找到下一本相關的書），形成一條線。這條線就是一個「主軸」（或主題），**順著這個主軸，繼續延伸下去，變成一條很長的線，就是「主題閱讀」**。

然而，通常在你閱讀一本書的時候，發現了另一個有興趣的主題，引發你去尋找另一個主題的書來看，就會變成兩條主軸。依此類推，你陸續會找到幾條不同的主軸，而發散開來，成為一個面。隨著興趣擴散，你閱讀的主軸變多了，也就會自然形成一個類似「樹狀結構」，展開無限延伸的地圖。

在我升上大二之前，幾乎是完全不看課外書的（除了漫畫），主因是我還沒找到閱讀樂趣。然而，那個暑假因為失戀驅動我去找相關的書來看，結果從「失戀」這個點，拉出一條心理勵志的閱讀線；讀到卡內基的書，又拉出另一條商管書的閱讀線，以及一條投資理財的閱讀線；後來讀到蔣勳的書獲得啟發，迅速又拉出文學、哲學、美學、宗教命理等好幾條新的閱讀線。

如果你閱讀的範圍夠廣，涵蓋了不同領域的書，就會發現整個知識體系像是無限展開的「光譜」。正中心的原點，有如宇宙大霹靂之前的「奇異點」，而圍繞在原點周圍的是各領域的經典，再從經典逐漸延伸、發散開來，我稱之為「知識光譜」。

知識光譜的正中心是「全知者視角」，把人類有史以來所有知識全部加起來，也無法等於全知者視角，最多也只是趨近而已。所以，要靠一人的讀者視角，去趨近於全知者視角，是做不到的。

一個人，窮盡一生的時間，能做到的是建立屬於自己的知識體系——儘管只是知識光譜中的一小部分，那就是你一生的樣貌。**你的靈魂中，都帶著所有你讀過的書。**

ICE筆記法，記錄自己的觀點和啟發

既然有ICE閱讀法，就會有配套的「ICE筆記法」。ICE筆記法的三個步驟分別是：Image（印象）、Choose（選擇）、Ending（總結）。簡介如下（表十）：

表十　ICE 筆記法的三個步驟

步驟	目的	主要執行方式
I：Image（印象）	**圖像化**全書的架構	將目錄拍照存檔、或用「心智圖」做記錄。圖像化可讓大腦留下最深刻的印象
C：Choose（選擇）	**選擇**書中三個重點	若是速讀，只要列出你印象最強烈的三個點即可。若是細讀，可以寫下你認為最有收穫的三個心得，寫重點就好
E：Ending（總結）	**總結**全書主要觀點	作者透過此書，主要傳達什麼核心觀念？盡量濃縮到一百字內，提綱挈領

1. **印象**（**Image**）：圖像化全書的架構。當未來遇到相關問題的時候，想要回頭查閱這一本書，方便尋找及確認。

2. **選擇**（**Choose**）：選擇書中三個重點。有如本書第二篇我所談到的每一本命定之書，都擷取了三個對我最重要的啟發。

3. **總結**（**Ending**）：總結全書主要觀點。最好用一百字以內簡介核心觀點。

跟朋友聊到你讀過哪一本書的時候，以總結的那一百字交流就夠了——並不是用書的目錄或大綱。在進一步更深入交談的時候，也只需要那「三個重點」就好了，說更多，你會說不清楚，而且對方也會記不住。通常五至十分鐘的簡短說書，講三個重點，恰到好處。

ICE筆記法的執行方式，可以用手寫在筆記本上，或記錄在任何電子檔中（我早期使用Word，現在有Evernote、Notion、OneNote等多種筆記軟體可選），挑選一個你順手、習慣的即可。重點是效率：以花最短時間記錄，最方便找尋為目標。

古人說：「書到用時方恨少。」現代人做筆記，最大的問題是：「筆記要用時很難找。」因此，在建立閱讀筆記之前，一定要先設定好一個固定的地方集中存放，例如若是實體的筆記本，一本就好，除非寫滿，才使用第二本。我更建議用數位筆記本記錄與保存，這樣搜尋速度最快，要引用的時候最有效率。

以我的習慣，完成以上三個步驟平均只需要五至十分鐘。因為我不是等到讀完書之後，才回頭去寫這一份筆記，而是邊讀邊記錄，這樣就不會把「做筆記」這件事情視為「額外的」功課，也不會等全書看完之後可能已經忘記了大部分，要寫筆記時又要重新看過一遍。

或許你會好奇，我強調「寫重點就好」，會不會囫圇吞棗、流於形式？不是的，如果你有足夠的時間，可以花半小時甚至一小時，為喜歡的一本書慢慢寫下筆記，當然很好，而且更深入。但是，每個人的時間都很有限，質和量之間需要取捨，由你自己決定。如果你的閱讀量不大，筆記可以慢慢寫，然而若要把一千本書各花一小時做筆記，就需要一千小時，平均每天要花三小時，我一定無法完成。

因此，我僅針對「細讀」的書做筆記，就可保留時間去探索更多未知的好書。倘若你一整年只細讀十本書，我會建議每一本書花三十分鐘做筆記，甚至寫讀書心得，這樣效果最好。我在培養閱讀習慣的早期，一整年差不多也只能細讀十本書，都是自己最喜歡的書或經典作品，當時都用 Word 留下重點筆記。

輸出更能有效輸入、內化知識，成就更好的自己。筆記法的功能不只停留在記錄和搜尋，也可以透過分享你的筆記，創造更多價值。若你有寫讀書心得，我很建議發表在臉書或任何社群媒體。如此不僅造福其他還沒留意到這本書的人，也會造福作者，更重要的是造福了自己——因為公開分享的內容，你一定會更用心撰寫，因而深化了記憶。

以下是以《內在成就》為例，使用 ＩＣＥ 筆記法三個步驟做筆記的示範：

I：圖像化全書的架構（Image）

我個人習慣是拍下目錄，只需要幾秒鐘就能完成，優點是速度最快，缺點是以文字為主，記憶的深度稍微淺薄。若能花一些時間製作「心智圖」，在製作過程即是一種複習，更容易留下深刻印象。二二八頁圖一是知名心智圖教練蘇世名製作的《內在成就》全書心智圖（分部的詳細內容請參考圖二至圖四，完整圖檔可掃描本章最後QR code）。如果你時間有限，可以不必做這麼詳細的筆記。

C：選擇書中三個重點（Choose）

1. **內外成就的差異**：外在成就，是成為「他人（家人或社會）所期待的人」；內在成就，是成為「自己內心真正想要成為的人」。外在成就帶來的快樂相對表淺、短暫，內在成就才是發自內心的愉悅和價值感、意義感來源，通常更深層、持久。

圖一 《內在成就》全書心智圖

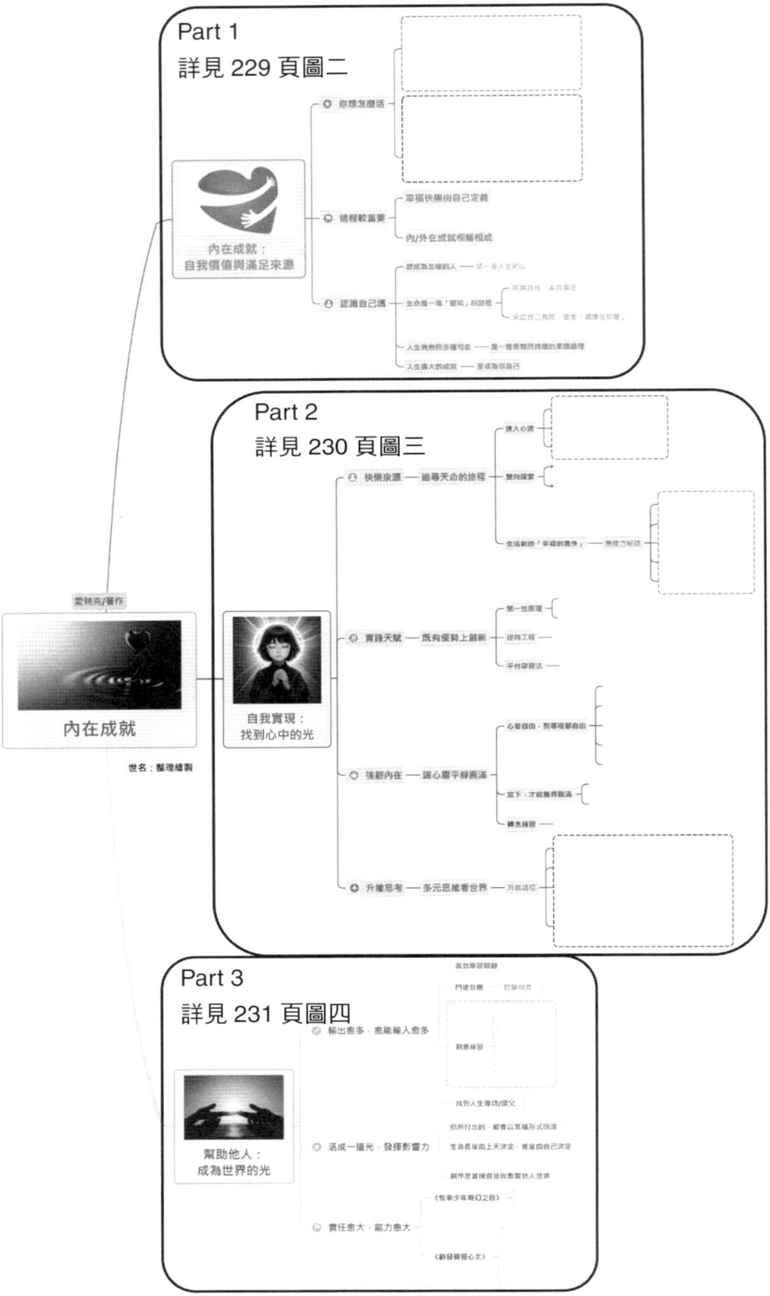
Part 1
詳見 229 頁圖二
你想怎麼活
過程較重要
幸福快樂由自己定義
內/外在成就相輔相成
認識自己嗎
想成為怎樣的人
生命是一場「覺知」的旅程
人生有無限多種可能
是一種長期而持續的累積過程
人生最大的成就
是成為你自己
內在成就：
自我價值與滿足來源
Part 2
詳見 230 頁圖三
快樂泉源
追尋天命的旅程
進入心流
雙向探索
生活創造「幸福的意外」
實踐天賦
既有優勢上創新
第一性原理
逆向工程
平台學習法
強韌內在
讓心靈平靜圓滿
心若自由，到哪裡都自由
放下，才能獲得圓滿
轉念練習
升維思考
多元思維看世界
愛瑞克/著作
內在成就
自我實現：
找到心中的光
世名：整理繪製
Part 3
詳見 231 頁圖四
高效學習關鍵
門徒效應
輸出愈多，愈能輸入愈多
刻意練習
找到人生導師/師父
你所付出的，都會以某種形式回饋
生命長度由上天決定，寬度由自己決定
活成一道光，發揮影響力
幫助他人：
成為世界的光
《牧羊少年奇幻之旅》
責任愈大，能力愈大
《勸發菩提心文》

圖二 《內在成就》Part 1 心智圖

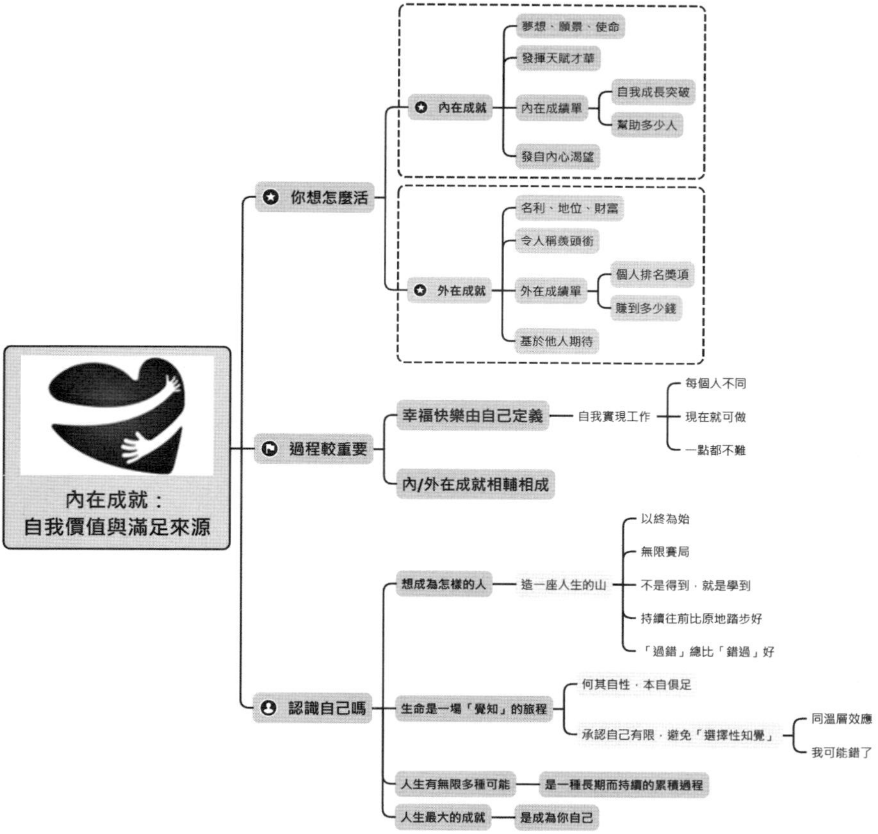
內在成就：
自我價值與滿足來源
你想怎麼活
內在成就
夢想、願景、使命
發揮天賦才華
內在成績單
自我成長突破
幫助多少人
發自內心渴望
外在成就
名利、地位、財富
令人稱羨頭銜
外在成績單
個人排名獎項
賺到多少錢
基於他人期待
過程較重要
幸福快樂由自己定義
自我實現工作
每個人不同
現在就可做
一點都不難
內/外在成就相輔相成
認識自己嗎
想成為怎樣的人
造一座人生的山
以終為始
無限賽局
不是得到，就是學到
持續往前比原地踏步好
「過錯」總比「錯過」好
生命是一場「覺知」的旅程
何其自性，本自俱足
承認自己有限，避免「選擇性知覺」
同溫層效應
我可能錯了
人生有無限多種可能
是一種長期而持續的累積過程
人生最大的成就
是成為你自己

圖三 《內在成就》Part 2 心智圖

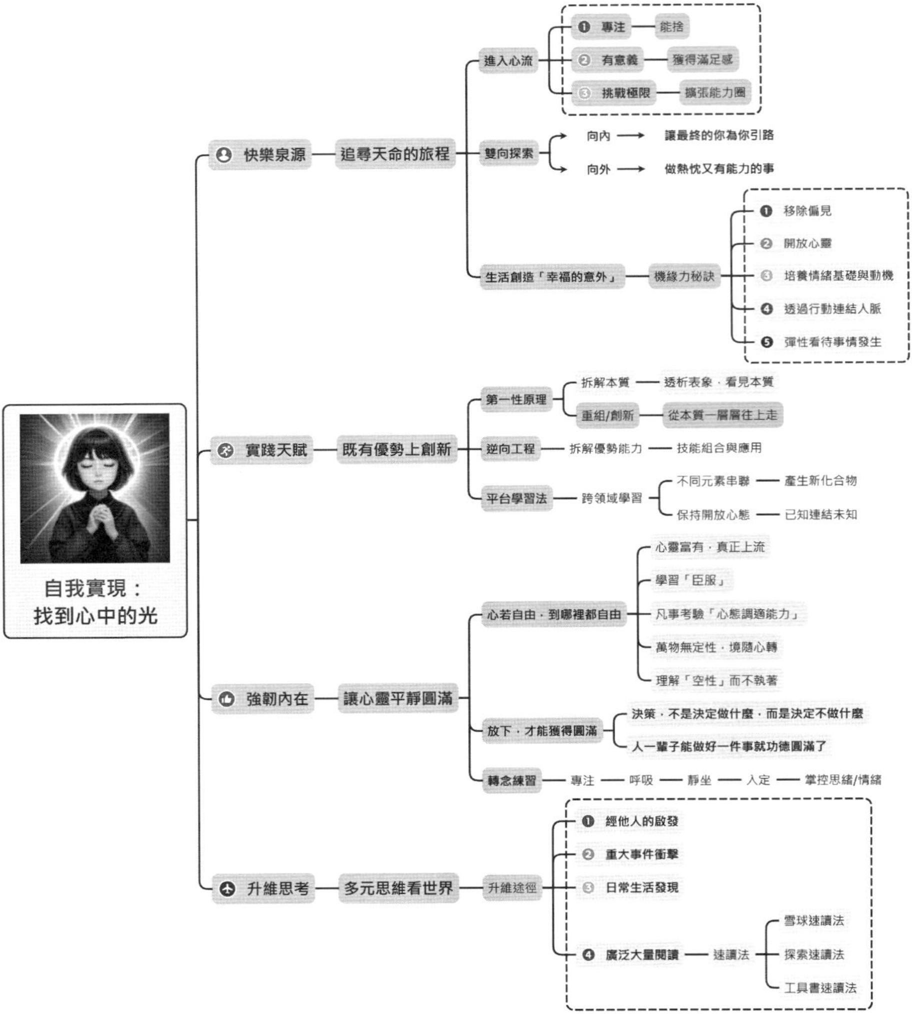

自我實現：
找到心中的光
快樂泉源
追尋天命的旅程
進入心流
❶ 專注
能捨
❷ 有意義
獲得滿足感
❸ 挑戰極限
擴張能力圈
雙向探索
向內
讓最終的你為你引路
向外
做熱忱又有能力的事
生活創造「幸福的意外」
機緣力秘訣
❶ 移除偏見
❷ 開放心靈
❸ 培養情緒基礎與動機
❹ 透過行動連結人脈
❺ 彈性看待事情發生
實踐天賦
既有優勢上創新
第一性原理
拆解本質
透析表象，看見本質
重組/創新
從本質一層層往上走
逆向工程
拆解優勢能力
技能組合與應用
平台學習法
跨領域學習
不同元素串聯
產生新化合物
保持開放心態
已知連結未知
強韌內在
讓心靈平靜圓滿
心若自由，到哪裡都自由
心靈富有，真正上流
學習「臣服」
凡事考驗「心態調適能力」
萬物無定性，境隨心轉
理解「空性」而不執著
放下，才能獲得圓滿
決策，不是決定做什麼，而是決定不做什麼
人一輩子能做好一件事就功德圓滿了
轉念練習
專注
呼吸
靜坐
入定
掌控思緒/情緒
升維思考
多元思維看世界
升維途徑
❶ 經他人的啟發
❷ 重大事件衝擊
❸ 日常生活發現
❹ 廣泛大量閱讀
速讀法
雪球速讀法
探索速讀法
工具書速讀法

圖四 《內在成就》Part 3 心智圖

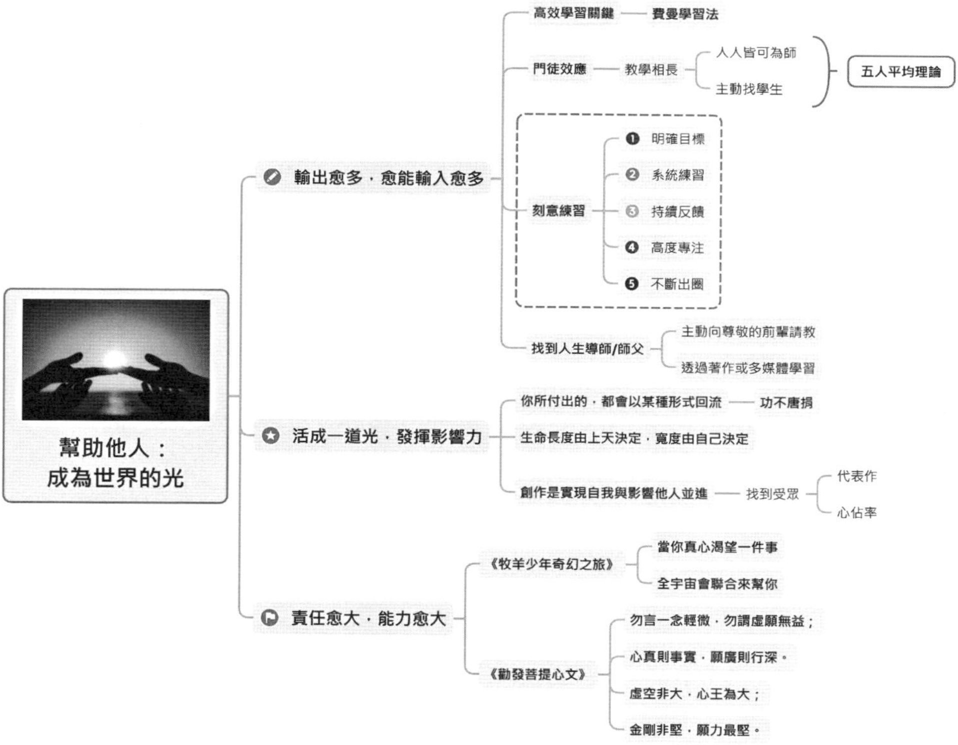
幫助他人：
成為世界的光
輸出愈多，愈能輸入愈多
高效學習關鍵
費曼學習法
門徒效應
教學相長
人人皆可為師
主動找學生
五人平均理論
刻意練習
❶ 明確目標
❷ 系統練習
❸ 持續反饋
❹ 高度專注
❺ 不斷出圈
找到人生導師/師父
主動向尊敬的前輩請教
透過著作或多媒體學習
活成一道光，發揮影響力
你所付出的，都會以某種形式回流
功不唐捐
生命長度由上天決定，寬度由自己決定
創作是實現自我與影響他人並進
找到受眾
代表作
心佔率
責任愈大，能力愈大
《牧羊少年奇幻之旅》
當你真心渴望一件事
全宇宙會聯合來幫你
《勸發菩提心文》
勿言一念輕微，勿謂虛願無益；
心真則事實，願廣則行深。
虛空非大，心王為大；
金剛非堅，願力最堅。

2. **自我實現**：要先認識自己，想成為怎樣的人？以終為始來造一座人生的山。我們希望遇到怎樣的人，就去成為那樣的人，便是自我實現了。

3. **幫助他人**：透過幫助他人，不僅可以找到自我價值和人生意義，同時更會強化自己的能力，加速成為一個更好的人。

E：總結全書主要觀點（Ending）

內在成就是發自內心的愉悅及滿足感；外在成就則來自於外界評價和物質獎賞，例如有錢、有名。外在成就的光來自於他人；內在成就的光發自內心。想要獲得內在成就，最主要的兩種方式：成為自己真正想成為的人、幫助他人。

是否需要回顧筆記？

最後，筆記是否需要複習？要看你做筆記的目的而定。

1. **為了之後複習而做筆記**：代表內容很重要，而且將來很可能需要再回顧。這種狀況下所做的筆記，建議一個禮拜之後拿出來回顧，一個月後第二次回顧，三個月後第三次回顧。經過三次的記憶提取，腦子就不容易忘記了。

2. **不是為了複習而做**：通常將來可能不會再用到。「做筆記」這件事情本身就會強化記憶，經過自己思考後所寫下來的，已經是「主動學習」而非被動，記憶留存率會比沒做筆記高好幾倍。這樣的筆記不需要定期回顧，將來有需要時再看就好。

由於我每年閱讀量非常大，若要把做的筆記全部複習一遍，絕對會排擠到閱讀新書的時間，因此我不會常去複習這些筆記（我跟時間賽跑都來不及，沒時間頻頻回頭看）。就我個人而言，主要在以下兩個時機點進行回顧：

1. **創作的時候：**寫新書或文章，需要參考之前的重點心得摘要，我就可以直接複製之前數位筆記的內容。那些摘要原本即是從「我自身觀點」或「對我的啟發」來寫的，因此跟網路上（包含AI）找到的都不一樣。這些筆記能夠確保內容的獨特性、提高我們產出的價值。例如此書第二篇，我的十本命定之書對我的啟發，都是用這種寫法記錄下來。

2. **讀到另一本有關聯性的書：**例如我讀到《蒙格之道》，讓我想翻閱之前《窮查理的普通常識》所記下的重點，進行比較。這兩本書都相對厚重，要重新翻閱書籍又要耗掉很多時間，若用重點摘要過後的筆記來回顧，就可以在短短幾分鐘內，迅速恢復記憶。

從「讀者視角」到「作者視角」

只要按照以上ＩＣＥ閱讀法，達到「主題閱讀」，就必然已經細讀、深讀了一本書。然而，若要透過閱讀改變人生，就必須達到「靈魂的混血」。以下來深談這個部分，如何進行？如何算是有效完成？

首先，要能區分：「讀者視角」與「作者視角」。

當你正在閱讀手上這一本書，此時此刻，就是讀者視角。你會看到一本完整的書，已經被編排完成，以它最後的成品樣貌，攤開在你眼前。

然而，每一位讀者看到的內容，其實不一樣。因為人們透過眼睛，讀取文字的過程是透過視神經的感知、傳遞，以及在腦神經中樞顯像、轉譯成為你的知覺。每個人會因為過去文化背景的不同、對詞彙的認知不同、人生體會不同，即便是對於相同的字句，感受和理解亦是不同。

簡言之，**每個人都是通過自己的「內在濾鏡」來解讀**，這就是讀者視角的偏差。

每一位讀者，都有視角上的偏差，而且「全知者視角」（倘若真有存在的話，只是我還沒見過）只有天知道，沒人知道自己偏差多少。一個人若想要透過鍛鍊，強化自己的讀者視角，來趨近於「全知者視角」，難如登天。

年輕時的我曾經以為，只要能讀完一萬本書，我的能力就會像個超人；結果，我讀愈多的書，才愈明白知識的浩瀚無垠，以及自己的渺小，如宇宙塵埃。就像一九九〇年航海家一號太空船從六十四億公里外傳回來的照片，地球是一個「暗淡藍點」，是一顆懸浮在宇宙的微粒，無聲無息。

我發覺即使用盡全力衝刺，仍追不上前人，也應付不了知識增加的速度——呈爆炸性成長。突然有「念天地之悠悠，獨愴然而涕下」的體會，無力感襲來，讓我眼淚停不下來。在那一刻，我決定此生的志業，一生無償推廣閱讀。

因此，想透過大量閱讀累積「讀者視角」去趨近於「全知者視角」，難如登天。你是你，書是書，有億萬本書，卻只有一個你。

然而，「作者視角」卻開闢了一條捷徑。

開啟「作者視角」的練習

「作者視角」是以該書的作者角度，去融入到書中，用作者的眼睛看世界，去體會他的體會。「讀者視角」是第三人稱角度，「作者視角」是第一人稱。當你進入到「作者視角」，就像穿越到了創作當下的時空背景，你的意識已經投射到其中，將短暫活在那個世界裡。以大多數的經典名著來說，作者就代表了那個時代的人，他們的書就是那個時代的縮影。

因此，當你能以「作者視角」穿越到古今中外許多不同時空，去體會活在不同年代的歷史文化背景，這樣要趨向於「全知者視角」的速度，會比單純從「讀者視角」出發，還要更有效率得多。每一本書，都成了你的分身。

你可能會有疑問：「自己又不是該書的寫作者，怎麼會擁有該書的作者視角呢？」以下三個步驟，可以幫助你得到「作者視角」：

1. 上網查詢該書作者的生平

維基百科、生成式AI都可以迅速幫你找到相關資訊，愈完整愈好。透過作者生平，了解他所處的時代背景、大環境，以及當時的生活或精神狀態（包含社會地位、處境或遭遇）。

2. 揣摩作者的想法

翻開書，看到每一段話倘若符合你所理解的「人設」，以及作者對劇情的鋪陳，就順著一直看下去；遇到任何出乎你意料或不理解的地方，停下來想：「為什麼他要這樣寫？」、「是怎樣的感受或動機，讓他想這樣寫？」

3. 帶著問題，尋求解答

針對第二點遇到的疑問，繼續往下閱讀以尋找答案。如有獲得解答，你就更能夠理解這一位作者的思維、偏好、人格。如果書中沒有找到答案，就上網搜尋（或問AI）以尋求解答。第三步驟尤其是建立作者視角的關鍵。當你帶著這些問題去尋求解答，你就不是被動的「讀者視角」，而是主動推測作者下筆的原因、尋找脈絡，在不斷的假設與驗證之間，你會逐漸能以作者的思維來進行思考。

讓閱讀成為真實的對話與連結

依照融入到作者視角的程度深淺，我認為還有三種不同層次的分別（請參表十一）。這三種層次，都可以透過刻意練習來達成，常練習就會更快進入狀況。要留意的是，要融入作者視角需要深讀一本書，才能達到這三種層次的任何一層。速讀，是達不到任何一個層次的。

我試著以中國四大名著之一的《紅樓夢》為例，說明如何以「作者視角」，達到融入作者曹雪芹視角。

第一步：先確認作者曹雪芹是誰，蒐集並且了解他的生平。在我的閱讀歷程中，犯下最不可思議的錯誤，是從我國中開始就一直誤以為曹雪芹是一位女性。也因此，我直覺的認為《紅樓夢》是少女在看的言情小說。我正值血氣方剛的國中時期，全班

表十一　作者視角的三種層次

融入作者視角的程度分別	主要特徵
意識同頻	當你持續好幾次能意識到「為什麼他要這樣寫？」，那麼你的意識已經與作者的意識同頻。這主要是在理智上的解析，**代表你已經熟悉了作者的思維脈絡**
感受同步	當你能試著揣摩出作者的心態，從書中的用字可以體會出他決定要選用這些字詞的當下心中感受，那麼你在情感上已經能與他同步。**以心應心，你會感受到他所感受的**
靈魂混血	當你放下了書之後，仍可以強烈感受到這一位作者的鮮明好惡和人格特質，**能以他的思維和心態來進行寫作或表達**（有如作者會寫出來或表現出來的樣態），便是完成了靈魂的混血

都是男生，好朋友們都在玩耍和打架，沒有人會去碰少女漫畫、言情小說，那些在我當時的圈子裡，是會被嘲笑的。

直到我四十多歲，才終於知道曹雪芹是一位男性作家。根據我上網查詢他的生平，他出生於清代南京一個顯赫的曹氏家族，在清初曾是權勢甚高的貴族，與康熙皇帝關係密切。他的曾祖父、祖父和父親都曾任職於江寧織造，負責皇家織造事務的重要官職。然而，康熙皇帝去世後，曹家因政治鬥爭和經濟問題而逐漸失勢；到了雍正皇帝時期，家產被抄沒，他們家族從此一蹶不振。當時曹雪芹可能只有十多歲，親眼見證了從榮華富貴到貧困潦倒的巨變，深刻影響他後來創作《紅樓夢》。如果你不知道曹雪芹的生平，以及那個年代的歷史文化背景，就很難理解他的內心，也更難去看懂《紅樓夢》書中許多的反諷和隱喻。

第二步：揣摩作者的想法。試想：「為什麼他要這樣寫？」、「是怎樣的感受或動機，讓他想這樣寫？」以前的我根本不知道。例如劉姥姥逛大觀園，不關我的事，反正是虛構的。我以前直覺認為那是很久以前的年代、虛構的故事，我不喜歡「假的」世界，我只關心「真的」世界。因此，以前我沒有第二步，也不會有第三步。

所幸，我讀了蔣勳的《夢紅樓》系列，才終於看懂了《紅樓夢》的主要內容，以及「假作真時真亦假，無為有處有還無」的鋪陳。原來，書中的歷史文化背景是真的，當時的階級制度、家族的興衰也是真的，甚至有些場景也是影射了作者當時的所見所聞。

我也終於理解，《紅樓夢》開頭那首〈好了歌〉，已經為全書的主軸一錘定音。至於書中各重要人物的人設、想法、下場和結局，在理解曹雪芹生平背景之後，也就變得更立體鮮明了起來——不僅是一堆人名和人物關係圖而已，而是能夠去體會為什麼他要這樣寫？是怎樣的感受或動機讓他想這樣寫？

題外話，當你讀到這裡，或許也可以理解「為什麼我要這樣寫？」

從前面我對自己的描述，你應該可以理解我國中時期叛逆，重視同儕之間的關係，也太過剛愎自用，因而太晚開始喜歡上閱讀，錯過了太多的經典作品。所以，現在心有餘力，我希望以我所累積的閱讀經驗和體悟，試著幫助更多讀者，避免像我過去那樣有錯失的遺憾。

若你有這樣的理解，應該至少達到與我「意識同頻」、「感受同步」的層次了。當你心中問出：「為什麼你這樣寫？」而你也能夠回答得出來，那就是在與作者對話。靈魂的混血，就是在這樣反覆的對話過程中、層層推進，直到你能以他的思維和心態來進行寫作或表達。

另外，倘若你讀到一本很喜歡的書，看到作者有實體的新書分享會或演講就盡可能參加，除了可以更深入理解該書與作者，甚至會有與作者面對面的對話交流。記得謝文憲說的：「往前坐」、「先舉手」，有這些好習慣，人生將大不同。若作者有粉絲頁、部落格，或書中有留下 e-mail，也可以主動發訊息給他，表達真誠的感謝，或簡單分享你從書中得到的啟發。你可能因此結識一位作家，帶來進一步交流的機會。

知名心智圖教練蘇世名製作的
《內在成就》心智圖

第八章

培養閱讀習慣，
從引發興趣開始

我常在某些演講場合，被聽眾問到該如何養成閱讀習慣？根據我長期推廣閱讀，協助人們從無到有建立閱讀習慣的實踐經驗，以下三個方法算是最容易、又有效，並且對任何年紀的人都適用：

1. 引發興趣

去圖書館或書店走走，創造與喜歡的書不期而遇的機會。當你看到自己喜歡的封面或主題，進而打開一本書，品嘗其中的醍醐味，這樣的方式最能產生閱讀樂趣，進而持之以恆。

也可以透過「帶著問題去找書」，去圖書館或書店尋找解答。書籍往往對任何一個主題的內容資訊含量遠比網路搜尋得到的更加完整，更可能開啟你對該領域進一步鑽研的興趣（我自己是在大一失戀的時候，帶著問題去找書，進而引發後續的大量閱讀樂趣）。

2. 與書同行

每天隨身攜帶一本書，只要有空檔的時候，拿出來翻個一兩頁，或讀個一兩段都好。一分鐘也會有一分鐘的收穫，可以這樣做：從一頁中找出最有感的一句話。這麼做，最容易建立閱讀的原子習慣。

初期若你不知道該帶怎樣的一本書同行，就可以按照本書提到的五種選書方法，挑一種最吸引你的方法，實際去選一本書、帶在身邊。經典之作往往是最好的旅行良伴，因為耐看。就算只有一小段、一句話都深藏著智慧，每次看都有不同體會。KOL推薦的熱門新書也是好選擇——帶著它可以豐富你與親朋好友、同事之間的談資[7]，讓自己成為能聊而非無聊的人。

3. 創造閱讀環境

如果家裡能夠有一間書房是最好的，或在客廳、起居室有一個書櫃，放一些書，

注7　談話的資糧。

布置一處安靜的空間可放鬆、也可閱讀。若實在沒空間，那就善用床頭櫃，重點是養成靜下心來的習慣。靜心是閱讀之前的起手式，無法靜心就無法閱讀。

除了住家之外，一定要善用書店、圖書館資源。建議每個人可以設定一個閱讀的「Me Time」，有固定的時間用來逛書店或圖書館（若有孩子就帶孩子一起去）。我的孩子從幼稚園小班就開始固定與我去書店、圖書館，很快就養成靜心閱讀的習慣。

要養成閱讀習慣，樂趣是關鍵。ICE閱讀法也是以興趣為軸心，往外延伸拓展。若你現在是完全沒有閱讀習慣的人，不用擔心，**只要創造第一次的美好閱讀體驗就行了**。那一次美好經驗會駐留在你潛意識很久（甚至永遠），隨時會引發你第二次再去嘗試的動機，自此不需要再有任何人提醒你要閱讀了。

我升上大二之前幾乎不看課外書，但是現在卻成了每年讀一千本書的愛書人。升上國三之前，我最愛看漫畫、打電動，儘管很多事情都做不好（一部分原因是天生過於內向高敏），但家人並沒有對我失望，反而積極正向鼓勵我——爸媽常跟我說，他們很希望我能多讀書，因為他們的年代想讀也沒辦法讀，必須很早就出社會去工作。爸媽不用強迫的方式，因此沒有破壞我閱讀的樂趣，反倒埋下了善因。

直到高二、高三，我才終於想要好好拚一下成績，因為玩到有點膩了，同時也想回報愛我的爸媽，不想讓他們失望。後來考上不錯的學校，要大大歸功於家裡有一間讓我安靜閱讀的書房。也是那一間書房，幫助我在第一次失戀時，相信書可以救我，因此跑到幾公里外的書店尋求解答，進而找到了一連串閱讀的樂趣，養成閱讀習慣。

一個人透過閱讀來啟發自己，愈早開始愈有利，因為時間會產生複利效果，把你的收穫，放大到一輩子來受益。

建議可以從住家附近的圖書館開始，以探險、尋寶的心情，逛看看能找到幾本自己喜歡的書。我每一次這樣做，收穫都遠超過我的期待，總能挑到好幾本感興趣的書，免費借回家慢慢看。現在各大圖書館無論是申辦借閱證、借書還書流程都非常簡便、迅速，一定要善加利用這個資源。

如果住家附近沒有圖書館，書店也是很好的選擇。若預算允許就買新書回家，因為暢銷新書在圖書館借閱登記往往要候補，等輪到你可以借閱時，可能正好工作或生活太忙碌也就沒去借書。然而，新知剛出現時，往往是人們討論和關注度最高的話題。

無論是去連鎖書店、獨立書店，最好能待三十分鐘以上，這樣可以達到靜心、沉浸式閱讀的效果，這樣的體驗會讓你在潛意識中留下最深刻的美好記憶，之後會更常想要去書店逛逛，習慣就這樣自然養成了。

此外，更好的閱讀習慣，不光只是看，更重要的是思考。《閱讀理解》學習誌創辦人黃國珍強調：

> 真正的閱讀素養，是讓我們不僅獲得了知識，獲得了能力，更重要的是，讓思考成為習慣，答案成為問題，讓顛覆成為創造，閱讀成為質疑，更讓理解成為起點。在往來的討論與對話中，細細堆疊靈魂的厚度，讓我們的心靈逐漸滋養壯大。

唯有經過思考，才能內化，進而對一個人的生命產生實質的改變，在最後兩章會深談。

碎片化時代，如何培養閱讀習慣？

現代讀者還有一個大挑戰：智慧型手機造成知識碎片化，面對誘人且快速獲得滿足的數位世界，該如何好好靜下來讀一本書？

要啟發一個人養成閱讀習慣，除了透過身教，引發興趣往往更有效。

最近三年，我受邀到上百所國高中演講，啟發了不少學生開始喜歡閱讀。有好幾位圖書館主任、閱讀推動教師跟我說，學生們聽完我演講後，主動去圖書館借閱相關的書來看，還有幾位是天天都造訪。我是怎麼做到的？

國、高中生當然不會主動想要「聽演講」，就跟沒有閱讀課外書習慣一樣。很多孩子只要聽說學校安排了演講，有些人就準備要去現場睡覺，比要他們去讀課外書還難。但是有解，重點就是「引發興趣」！

我在國、高中演講，和對大人演講的版本截然不同。對青春期孩子來說，他們關心的是同儕關係、戀愛、考試、升學、身體變化，不想聽大人說教。因此，就從他們關心的議題下手，引發孩子們的興趣！

我對國、高中生演講的開場，是這樣說的：「總共十題，快問快答。每一題只有十秒鐘，馬上寫下你的答案！」所有孩子們會非常好奇，到底是什麼問題？手邊準備好紙、筆，有如百米賽跑的起跑線上，所有選手們一字排開、身體前傾，等待鳴槍。

來了！第一題：「寫下你從小到大失戀的次數。」

題目一出來，現場熱力爆棚。那瞬間有尖叫的、大笑的，整個現場（通常在體育館內）彷彿要炸開了，像極了演唱會現場。

「各班討論一下，推派出班上失戀次數最多的人，待會兒上台分享如何走出失戀。」

整個體育館再炸開一次！每次我站台上，看著台下熱鬧滾滾，現場的老師們也紛紛笑到肚皮痛。

我勸老師們忍住好奇心，不要去偷看學生們寫的答案（而且也不用交，學生自己帶回家）。我沒有強制要求各班一定要有人出來分享，但是，每次總是很多學生想上台（這個年代跟我們小時候不一樣）。

不管他們講出什麼樣的答案，我都會說：「有些人的答案挺不錯，但是不夠好。最好的答案，在書裡面！」

接著，投影片秀出彭明輝教授所寫的《生命是長期而持續的累積》書封照片。「這本書過去二十年幫助了許多失戀者走出來，青年失戀者必看！」我說。學生們紛紛睜大眼睛、抄下書名。

以孩子最關心的話題（例如失戀）引發好奇，激發他們找書來看的興趣。我平均一場演講會提到十本書，以孩子們最關心的議題，連結到相關的書籍。引發好奇、激發興趣，不僅對學生有用，是對所有人都有用。

現代人專注力被智慧型手機綁架，就是因為網路上太多新鮮的東西，引發了人們的好奇。如果我們無法抵抗手機，那就利用它們。

我對大人演講時，會請所有人拿出手機，有幾張重要投影片，我會說：「這一張很好用！請大家用手機把這一張拍下來、存起來，待會兒我教你怎麼用。」

大家都會跟著做，純粹好奇。聽眾的專注力，這時候就全部凝聚了。之後聽眾是否有回顧他們拍的照片？那不是重點，最重要的是「當下」奪回專注力，聽講就會有效果。靠這方法，主辦單位回饋給我的聽眾滿意度，分數都很高。

回到開頭的問題：知識碎片化時代，如何培養閱讀習慣？我的建議是：**利用手機，當作引發好奇的媒介。**

以前沒有智慧型手機的時代，一本書要接觸到讀者，只能透過書店、圖書館、以及極少數能上廣播節目去曝光。現在人手一機，大幅增加了書與讀者之間的接觸時機和面積，尤其社群媒體的分享、說書影片、Podcast 頻道，讓一本書更容易被大家知道。

現代人時間顆粒度愈來愈細，閱讀的形式潮流當然也會變，最好是順勢而為，善用這個趨勢潮流，而非強硬抵抗。想培養閱讀習慣，最好用的方法，還是本章開頭提到的「引發興趣」、「與書同行」、「創造閱讀環境」。

要靠興趣來養成習慣，而非工具。手機只是工具，閱讀的關鍵在興趣。

現代許多創作都非常有趣，你可以在辦公室、書桌、床頭擺幾本有趣的書。五分鐘的閱讀就有五分鐘的收穫——在一頁之中找到一個好句子都很滿足——若能在睡前閱讀十五至三十分鐘，總是一夜好眠。

順便提醒地球上的大忙人，開車、騎車、過馬路，勿滑手機。人類有千萬種死因，交通部證實滑手機造成交通事故的件數年年升高，我倒是還沒聽說有看書看到意外死亡的。

借鏡蒙格的智慧，知道閱讀不會死，我就一直閱讀，看可不可以超過九十九歲。

一些關於我自己的閱讀習慣

另外還有一些我自己的閱讀方式與習慣，沒有標準答案，只是個人的喜好，給你參考。就像前面所提，閱讀前要先引發興趣，同樣，閱讀時能夠找到自己最舒服的方式，才能培養長久的閱讀習慣。

閱讀時，要不要唸出聲音？

我無論速讀或細讀，都不會唸出聲音，表十二彙整了相關的理由。我自己和家人都不唸出聲音。我在孩子上幼兒園的階段，就開始每週末全家一起上圖書館，館內不宜唸出聲音，否則會對他人造成干擾與不便。書店內也是一樣。

我幾乎每天造訪書店，也很少聽到其他人唸出聲音——除非是父母唸故事書（或繪本）給還不認識字的小孩聽——只有在童書區。若孩子能看得懂注音符號，可以讓

表十二　閱讀時是否唸出聲音的理由

方式	是否唸出聲音？	理由
速讀	以視覺印象為主，因此無須在腦中默唸、也不發出聲音	速讀的主要閱讀範圍： • 圖表標題（都小於一行） • 關鍵字（通常只有兩、三字） • 圖表（無法唸出聲音） 以上三者都沒有必要唸出聲音 若是在針對陌生的關鍵字、不熟悉的內容，進行逐字閱讀理解的時候，可以在腦中默唸
細讀	不發出聲音，至於是否在腦中默唸，則依每個人最習慣的方式為準（圖表則不用）	被我們篩選過後要進行細讀的書，都是我們最感興趣、最符合我們需要的書，因此一定值得花時間逐句細讀。以自己「最習慣的速度」來閱讀，不要刻意太快或太慢；若你習慣在腦中默唸，那就維持既有習慣即可

他們盡早開始自己閱讀。**自學能力，是現代社會非常重要的素養和競爭力**。

目前各種考試或能力檢定，無論中文或英文，也都會有「閱讀理解」相關測驗，需要在極短時間內閱讀篇幅很長的文章，並且抓住重點。若以口中唸出聲音的方式，一定過不了這一關（發出聲音影響到別人，會被監考老師制止啊）。

然而，少數例外需要唸出聲音，是為了「背誦」。就像學生若要背誦詩詞、佳句，未來寫作（或對話）可以引用，確實唸出聲音更容易記住。例如背誦《聖經》或佛經的時候，讀出聲音，等於是視覺加上聽覺，雙感齊下，有助於記憶的儲存強度。

看紙本書還是電子書？

紙本書或電子書各有優缺點，沒有絕對的好壞，每個人適用的都不同。倘若你還沒看過電子書的話，可跟朋友借來用，實際體驗後，再選擇符合「它的優勢恰好是你最需要的」。表十三是我所感受到，兩者之間最大的差異。

表十三　紙本書與電子書的差異

類型	紙本書	電子書
主要優勢	• **眼睛較不疲勞**：不發光，減少眼睛負擔，對於長時間閱讀者較輕鬆自在 • **沉浸式體驗**：紙張的觸感、翻頁的手感，會讓人更容易感覺到閱讀的真實體驗 • **收藏及氣氛營造**：實體書可以擺放在家裡、書房，可在家中營造更佳的閱讀氛圍 • **更容易翻閱**：可以隨時快速翻頁，隨興跳躍較多篇幅，比電子書更直覺	• **攜帶方便**：數千本書可存於一台閱讀器或手機，外出時更輕巧、不弄髒 • **可調整字體與亮度**：適合不同人的視力及閱讀習慣，可調整到最適化的模式 • **保存容易**：不需要實體的收藏空間（尤其搬家免煩惱），也可避免書本受潮或蟲害 • **內建字典與搜尋功能**：可快速查詢單字、注解與搜尋關鍵字，提高學習效率

我個人偏好紙本書，主要是方便選書，以及速讀。

紙本書在我手上的時候，我可以靠左右兩邊（書看到任何一頁時，有一邊是已讀、另一邊是未讀）的「重心」和「目測厚度」的變化，去感受目前閱讀的進度，來控制我的速度。這樣我就不需要去看「頁碼」和「總頁數」，在閱讀過程直接感知自己在書的何處。倘若我希望用三十分鐘（或十五分鐘）速讀一本書，我就可以分配時間來調控速度。

此外，我讀到很重要的地方會折角，將來書還不用翻開，拿側面看折角的數量就知道有多少重點。我也可以直接「跳翻」到那些折角，非常符合直覺。折角有大有小，大折角最重要，小折角其次。

閱讀過程我也會用紅筆畫線、標注星號。重要性依次是：三顆星、兩顆星、一顆星，更其次是畫紅線。我在閱讀紙本書的過程總是邊看邊畫，**有多重變化來反映當下心情，將來回顧時，也更能感受到之前閱讀的情境**，而不是千篇一律的畫線而已。

由於速讀是我的強項，因此我極少看說書影片。僅有在運動或搭高鐵、火車的時候，偶爾會聽說書的 Podcast，但盡量不用到眼睛。因為若需要動用眼睛，我自己看書的速度遠比說書影片快上許多。

我曾試著用一．五倍速或兩倍速觀看說書影片，但還是覺得吸收太慢、資訊量太少。更重要的是，只看特定說書人挑出來的內容，可能僅是書中內容的一小部分，未必是我需要（或適合我）的部分，不如靠自己速讀，挑出重點。

書買了看不完怎麼辦？

看書有很多目的，但不是用來看完的。

在二〇二五年二月的台北國際書展，好友謝文憲（憲哥）在天下文化展場，用一小時分享十五本推薦書。在最後 QA 時段，我第一個舉手，請憲哥分享他解構一本書的方法。憲哥分享：「現在讀書不是為考試，誰說一本書一定要讀完？重點是要能找出三個有用觀念，就算有一個幫助到你、你用了有受惠，花三百塊買這本書就值了！」

對啊！「值了」這兩字，讓我很有共鳴。

我是一位投資專家，基本上我交易過幾乎全世界各主要市場與不同投資工具。但是，我交易過為數最多的是書——買過的書是以「千本」的量級計算，而這也是我報酬率最高的投資。

「報酬率最高」並非指轉售獲利，而是我讀完、內化、自我提升了，我的收入因此增加。關鍵在於「挑書」之後還要「挑重點」吸收。一本書，能記住一個受益無窮的重點就值了，就當作花三百元買到一個人生加速器。我腦子外掛很多這種加速器，所以提早財務自由做自己真正想做的事。

倘若我一年買五百本書花十五萬元，但對我的總收入帶來的正面貢獻，絕對不只有十五萬元（而且通常永久有效），回報率絕對超過百分之百。

很多人花時間進進出出股市，年度績效也未必比較好，倒不如多花時間讀好書，將書中精華用來精進、提升自我價值。長久來說，你的內在價值會反映在你的身價。

我建議把書當朋友。**一位好友有一個優點值得你學習，就值得認識；三百元認識一位新朋友，是人生最高報酬率的投資。**

書看很慢怎麼辦？

我認為，只要你真的感興趣，就慢慢看，不用急，重點是有收穫。如果你很感興趣又讀很慢，卻沒收穫，代表書的內容難度過高，不妨先「放下」，去找類似主題但相對入門的書先開始看，等有了基礎之後再來挑戰高難度的。

速讀也一樣。按照愛式速讀法的三個步驟，平均大約是三十分鐘，但若你三十分鐘無法完成，那用一、兩小時也是可以的。重點是「有收穫」——只要能有收穫，慢點無所謂。

我平均細讀一本書要二至六小時，但是有些書一本要讀三個月。每個人的閱讀習慣、知識累積量、對各個領域的理解程度差異很大，不可能有統一標準。

以我為例，從大學時代就大量閱讀商業企管、投資理財書籍，至今累積達三十年，這兩大類加起來，至少讀過一千本。再加上我有台大商研所ＭＢＡ學歷、在國際金融業工作十六年、是ＣＦＡ特許金融分析師持狀者（國際金融圈的最高級殊榮之一），商管和投資理財就是我吃飯的工具。因此，現在大約十分鐘就可以速讀一本商管財經書，因為九成以上的內容我都看過、學過了。

相反的，我四十多歲開始讀佛經，速度慢到不可思議。南懷瑾《花雨滿天維摩說法》明明是白話文，但我花了三個月，只讀三分之一，因為我沒有相關基礎，每個名詞（或佛菩薩的法號）我都不認識，都需要上網慢慢查。但是一旦查閱過相關資料後，我就累積了一些基礎，之後再讀到相同的名詞或句子，就可以不用再花時間查找，整體閱讀速度就會變快三倍以上。等我讀過十幾本佛學相關書籍之後，再去看一般白話文討論佛經的文章，幾乎都可以速讀了——因為腦中累積的知識量夠大，足以理解八成以上內容。

表十四是我目前閱讀各大領域書籍的平均速度，希望有助於你理解，每個人對熟

表十四　閱讀不同類型書籍的時間

書籍類型	我細讀一本書的平均時間	我速讀一本書的平均時間
商業企管	二小時	十分鐘
投資理財	二小時	十分鐘
心理勵志	四小時	二十分鐘
人文社科	六小時	三十分鐘
自然科普	六小時	三十分鐘
文學	一至兩天	無法速讀
哲學	三至五天	無法速讀
美學藝術	五至十天	無法速讀
宗教佛學	龜速	無法速讀

悉領域、陌生領域的閱讀速度之差異，可能達數十倍、數百倍。儘管現在我一年可以速讀一千本書（細讀其中兩百本），但還是有一些相對陌生的領域，讀起來的速度就跟多數人一樣。隔行如隔山，想跨入新領域，就需要花時間打基礎。慢慢來，我陪你。

無論是速讀還是細讀，重點都是在「未知」的部分，對於已經擁有的就要能「放下」，這是我從佛法學到的智慧，也讓我整體閱讀速度變快了。閱讀對我們的啟發，往往可以觸類旁通，在A領域啟發，卻在B領域受惠。

一位大量閱讀者，必是有趣的靈魂；

閱讀，幫助我們增加生命的深度和廣度。

每一頁讀過的書皆化為春泥，滋養著你，

靜待時節到來，必見繁花盛開。

第四篇　改變：

閱讀與
生命共振

第九章

實現人生夢想的捷徑

如何透過閱讀改變生命？

我就是活生生的實例。過去三年多來，我有五百多場演講和專訪，都會談到閱讀，只是，往往聽眾最好奇的，還是怎麼賺夠錢、提早退休。我的答案是：閱讀。

如何打開人生智慧與財富的寶藏？鑰匙就藏在書裡。

二〇一八年初，我離開金融業，「退而不休」之後變得更忙碌，但是忙得更開心、更有成就感。二〇二四年底，一位小我十多歲的好友與我久別重逢。他坐在古亭星巴克咖啡館的一張小桌子對面看著我，開心到溢於言表，露齒傻笑。直到櫃台做好了他點的咖啡、叫號，三次，他才回神過來，趕緊跑去端咖啡。

他坐定，跟我說：「你就是我的典範。」他說我正在做他這輩子最想做的事：提早退休去幫助偏鄉弱勢孩童。

我突然一陣感動——原來，我活成為人家的典範啊！——悲欣交集[8]湧上我心頭，逼得我眼淚直流。

幾秒鐘後，我恢復理智，馬上將他一把拉回現實世界。跟他說：「我不鼓勵每一位上班族太早離職，因為除了要有強健財務後盾，更需要非常強勁的動力來源。否則，很多人一旦離開職場，少了名片和公司的保護，就像突然失去靠山，遭逢人生或財務重大衝擊就倒地不起。有些人會選擇回去上班，把那一段空窗期，當作人生意外插曲。」

他聽懂我的意思。或許他也盤算過自己所存的錢，離退休還很遠。

在書中找到我的「人生終極KPI」

不過，重點來了！我跟他分享**加速實現夢想的捷徑——「人生終極KPI」**。

我的終極KPI只有一個：一生中可以幫助多少人。我相信人生到了最後一

注8　弘一大師臨終前幾天，寫下「悲欣交集」四字，成了大師遺留下來的墨寶，也反映了他當時的心境。以淨空法師的說法，或許弘一大師慶幸自己脫離苦海，同時悲憫還沒有跳出來的眾生。

站，抵達天堂的門口，上帝不會問我一輩子賺多少錢，而是一輩子幫助過多少人。會有這樣的想法，是受到已故的哈佛管理學教授克雷頓．克里斯汀生（Clayton M. Christensen）啟發。他在《你要如何衡量你的人生？》（*How will you measure your life?*）書中是這麼寫的：

當我與上帝面談時，我們的對話將聚焦於那些我能夠增強其自尊的人、那些我能夠堅定其信仰的人，以及那些我能夠減輕其痛苦的人——無論我被賦予什麼任務，這些才是衡量我生命的真正標準。

後來這也成為了我的信仰。人一定要有信仰，上帝也好，佛菩薩也好，只信科學也好，**信仰是支撐我們度過每一次低潮的關鍵力量**。它不是外力，而是由內而生的力量，是一種內在原力。我們與生俱來潛藏的無窮力量，源自浩瀚的宇宙，我們也是因這力量而誕生——愛是宇宙中最強大的原力之一。

有了「一生中可以幫助多少人」的KPI，我從此再也沒有低潮！每天早上都從希望中醒來，迫不及待想要去多做一些事情，希望能幫助更多的人。

「一生中可以幫助多少人？」可以是每一位職場工作者的KPI、也能涵蓋公司賦予他的KPI。

如果一個人只關心公司給的KPI，他不會快樂。例如一位銀行理專，公司賦予KPI是一年手續費收入要一千萬元。他若從收入面出發去達到這目標，儘管好不容易達標，明年還是被歸零、重新計算（而且目標通常會被提高）——有如無間地獄，怎麼解脫？

改用「人生終極KPI」來從事你的工作，會宛如在天堂。

因為，每一位迎面而來的人都成了你潛在助力、你的貴人。你不會打混摸魚、窩在家裡，而是想方設法，去見更多的人。你必定會以正面心態，善待每一位遇到的人——你幫他，等同他幫你（實現人生KPI）。在這樣的心態下，一定更容易達成公司目標，更能廣結善緣、有更多貴人來幫助你。

我能提早財富自由、退而不休做自己想做的事，就是靠這個方法——不靠炒股獲利，更不用踩著別人頭頂往上爬。

你人生的終極 KPI 是什麼？

不一定要跟我一樣，每個靈魂來到人世間的使命都不一樣。不用管別人的，你一定要找出自己的——那就是你此生來的原因。如果沒有人生終極 KPI，你會隨波逐流，活得像行屍走肉。

一念天堂，一念地獄，那一念之差，就在人生終極 KPI。

閱讀，不僅能解答生活中的大小問題，更能重塑人格、改變人生。卡爾維諾在《為什麼讀經典》表示，閱讀不只是獲取知識，而是塑造我們的思維方式。他強調：「一本書不會因為被遺忘而消失，而是以另一種形式存在於我們的記憶和個性之中。」這就是後來人們常說：「**讀書，記得住的變成知識，記不住的變成氣質**。」知識和氣質，其實是一體的；就像物質和能量，也是一體的。

愛因斯坦於一九〇五年提出狹義相對論（Special Relativity），物質與能量可以相互轉換，他提出公式：$E = mc^2$。E代表能量，m代表質量，c是光速。該公式表示質量和能量是等價的，質量可以轉換為能量，反之亦然。[9]

原來，萬物同時是物質，也是能量！

由克里斯多福・諾蘭（Christopher Nolan）執導、二〇二三年上映的電影「奧本海默」（*Oppenheimer*），主要描述「原子彈之父」與「曼哈頓計畫」。有一幕很震撼我，是在關鍵的「三一核試爆」（Trinity Test）後，奧本海默公開發表了一場演講。電影中的配樂極度高亢，畫面充滿波動與強烈光影變化，核爆把萬物都捲進去，人也扭曲變形。原子彈的發明不僅改變了戰局，也重塑了國際關係。

愛因斯坦早在一九〇五年，就把相對論公式公諸於世。他讓我們知道**時間和空間**

注9　一九四五年「曼哈頓計畫」成功製造了原子彈，驗證了可將質量轉換為能量；一九五〇年代至今的「粒子對生成」實驗，證明了能量可以轉變為質量；大型強子對撞機（ＬＨＣ）等高能物理實驗也不斷證明，能量與質量之間可以互換。

都不是絕對的，都是相對的。

以後，我能留給這世界上其他的愛書人什麼呢？遺留的幾本著作？愛瑞克ＩＣＥ閱讀法？還是我對偏鄉孩子們的愛？我認為，如同電影「星際效應」中的關鍵台詞：「愛是唯一可以超越時間與空間的事物。」愛是永不止息。

先有人生ＫＰＩ，才有方法與路徑

我也很常在演講時遇到聽眾提問：「怎麼讓績效更好？」、「我的努力如何被看見？」、「如何被主管賞識？」、「如何擁有更多人脈？」、「如何遇更多貴人？」……這些問題在我眼中，就像孫悟空的七十二變，百變不離其宗，都是關於「成就」的問題——而且偏向外在成就。

目前市場上多數的商業企管和投資理財書籍，都是在幫助人們解決這些問題，暢銷又長銷，成了支撐當前出版市場的重要支柱。然而，已經脫離職場苦海的人都知道，外在成就其實比較容易達到，內在成就難度更高。

這是為什麼我要大力推廣閱讀——**透過閱讀可以迅速達到靈魂混血，改變一個人的內在思維，從而改變外在的狀態。**

第四章提到《有錢人想的和你不一樣》核心思想：「你的財務現況是由你的內在金錢藍圖所決定的。」影響我甚鉅。財富不僅是靠能力與努力、人脈或貴人，更重要的是改變你的內在思維。有錢人和窮人最大的差異，在於思維。

富有者最關鍵的思維是什麼？其實早已寫在「五指山」上：「一生中可以幫助多少人。」我曾經也像一隻潑猴，到了很遠很遠的地方，才發現：佛幾千年前就說了。只是我們一來再來，還是沒有看懂。

有人說我太理想主義，在現實社會中，並不是幫助別人就會有好結果。我說，我從國中成績普通，到後來升學愈來愈順利，就是透過平時幫同學解答課業上的難題，進而增強自己實力。我就是這麼傻，才會幫助這麼多同學，卻因此破了學業的關。

踏入社會那年，沒有我想要的產業研究員職缺，只好從通路業務做起，起薪三萬八千元。透過利他共贏，八年晉升為協理、外派美國，工作第十六年提早退休。我就是這麼傻，堅持一定要利他共好，也因此破了職場的關。

我一路上跌跌撞撞、懵懵懂懂，破了關之後，回顧時才看懂：**一級玩家的破關密碼，不是競爭，而是去幫助人。**可惜很多人沒看懂。

「日本經營之聖」稻盛和夫，他每一本著作都浮現這個密碼。全球電商龍頭亞馬遜創辦人貝佐斯，蟬聯四年（二〇一八年至二〇二一年）全球首富，也用相同密碼——他幫助最多的買家和賣家，讓全世界最多消費者受惠。

如果你能幫助到最多的人，難道名聲會不響亮嗎？還會擔心收入嗎？如果你能幫助的客戶比對手更多，你還怕業績會差嗎？升遷會困難嗎？

約翰·藍儂（John Lennon）曾說：「有人曾問我長大想做什麼，我寫下『快樂』，他們說我沒聽懂問題，我說他們不懂人生。」藍儂小時候就懂了，他寫了很多歌，讓很多人感受快樂，直到他四十歲去世時，身價已達兩億美元（考慮通膨以及持續的版權收入，約為現在的六、七億美元）。

「全台灣最熱情的男人」吳家德大哥也寫過一段話：「年近半百，如風一瞬；但有一求，利他謙遜。」佛說凡是有所求，皆有所苦；家德大哥僅有一求，就是要幫助別人。這一求，可謂正中佛心啊！

有一次，家德大哥和台北市文化局長蔡詩萍對談，是在大稻埕郭怡美書店「帶一縷微光給獨立書店」講座。結束前，徵求現場聽眾互動，前五位舉手發問就送書。我第一位舉手，說自己沒有問題（他的書我都有，不用送），只求給我一分鐘，表達對家德大哥的感言。

我拿到麥克風就說：「家德大哥是我認識的人裡面，第一位會修成菩薩境界的。」憑什麼這樣說呢？因為我讀過上百本佛菩薩相關的書，知道祂們關心什麼：大乘佛教的菩薩要度無邊無量眾生。我們一生中能幫助多少人？這是與自己的極限賽局，有限的是時間，無限的是眾生。

我漸漸明白，生活是一場熱情的遊戲，你關心的範圍會造就你能力的極限。莫以善小而不為。

好友謝文憲說：「你的舉手之勞，可能是別人的無能為力。」行善助人，不分大小；所有助人的事情都算。很多時候，我們認為「那個沒什麼啦！」然而，對於受幫助的當事人而言，他們可能是無能為力的。如果我們覺得沒什麼，就可以多做一些，用那個「沒什麼」來幫助更多的人——因為那是我們擁有最多的東西、最強項所在。

星雲大師在《迷悟之間》寫道：

其實，在佛教看來，世間上並沒有窮人。有時間的人，用時間去幫助別人，他不就是時間的富者嗎？他善於言詞，用語言來讚美鼓勵別人，他不就是一個語言的富者嗎？他用微笑、歡喜、禮敬待人，他不就是一個內心充實的富者嗎？他用力氣幫助別人，服務他人，這不也是有力的富者嗎？所以，貪心不足永遠是貧窮的人，樂於助人則永遠都是富貴的人。

我就曾被一位「舉手之勞」、「用時間幫助我」的貴人相助。他是小我三十多歲的學弟。我有幸在二〇二三年六月，回到自己母校居仁國中，為即將畢業的國三學弟、妹們演講。那時候，我還不太敢對國中生演講，而且也不覺得他們是我的目標聽眾。我心裡本來是這麼想：「講完這一場，就不要再接國中演講好了。」

結果，那一場有近七百位師生參加，徐吉春校長幫我開場，也全程聆聽我演講。結束時，贏得現場所有人熱烈掌聲喝采。事後，主辦這場活動的「閱讀推動教師」林曉文寫給我一段話：

那一位坐在前面，很熱烈和你互動的男同學，是一位資優生。原本今天的演講他是不參加的，他跟班上導師說，想留在教室裡睡覺補眠。結果，他竟然來聽了，而且非常支持你，不斷舉手搶答。

那位男同學成了我的貴人。因為他的熱烈互動、積極舉手搶答，帶動了現場的氣氛，讓我的演講非常成功。我受到那一次的激勵，後來接了數十場的國中演講。

2023 年 6 月 7 日，愛瑞克回母校居仁國中演講。有一位學弟積極舉手搶答，他總是舉得最高，就是照片中五指張開，碰到「居」的那一位。

事後來看，以我的人生KPI「一生中可以幫助多少人？」來衡量，一場國中演講往往數百人，甚至上千人，這樣我一次就可以幫助最多人！要不是有這一位小學弟成為我的貴人，我不會想到要去國中幫孩子們演講。儘管他們原本不是我認為的目標聽眾，但後來卻成了達成我人生KPI的最大管道。

所以，貴人通常在什麼時機出現？我的經驗是：「**貴人都不在你意料中出現**。」

根據我個人的經驗，要增加貴人運有「五要一不」的原則：

1. **要常保感恩**：懂得感恩的人知足常樂，散發正能量，尤其公開表達感恩之情，將為社會帶來凝聚力，促成更多的好事持續發生。人在做，人在看，當你時常感恩別人，也會吸引更多人想要來幫助你。

2. **要常保微笑**：代表你的自在從容，能把自己一切管理得好，並且有餘裕可以接納更多新的人事物進入你的世界。郝旭烈就常在公開場合分享，他因為常保微笑而改變了人生、帶來許多好運發生。

3.要參加活動：通常參加同一場活動的人具有某些共同興趣，容易結交到志同道合的朋友，進一步合作來實現（或促成）更多美好的事情。例如我目前許多好友都是在讀書會上認識的，共通特性是重視自我成長、熱愛學習。

4.要舉辦活動：與其被動等待別人舉辦活動，不如主動積極自己發起、找人合辦。一旦你成為主辦人，就更能主動邀請任何想要認識的人，甚至結識社會上各領域的傑出人士，你的命運更加掌握在自己的手裡。

5.要幫助他人：貴人的資源也是有限的，會尋找最值得投注的地方。當我們有利他共好之心，在幫助別人的過程中，更能吸引貴人將資源放在我們身上，透過我們進而幫助到更多的人，放大了整體資源運用效益。

6.不要抱怨：有為的人遇到問題會設法解決，若無法解決就接受它，並繼續往前進，而不只是抱怨發洩情緒。愛抱怨的人散發出一種負面能量，拖累團隊士氣，會讓貴人默默遠離。

回到一開頭很多人關注的「成就」問題，一個好的人生ＫＰＩ就可以同時解決，就像如來佛可以一次降伏一萬隻潑猴，都沒問題！而且更重要的是，內、外成就同時獲得，一舉兩得。根據我和幾位好友實際執行經驗，在選定人生ＫＰＩ的時候，盡可能把握以下三大原則，效果最佳：

1. 可以公開講出來。這樣人們才知道如何幫助你完成。
2. 衡量指標清楚、好計算。例如我的是每助人一次就加一。
3. 該衡量指標是沒有盡頭的。這樣就不會在「達標」之後，失去人生重心。

然後，把這個ＫＰＩ記在腦海裡、刻在心底、寫入自己的靈魂裡。

願每個人都有利他共好的人生終極ＫＰＩ，願每個人都能脫離苦海。

第十章

從積福到造命

對我而言，閱讀最大收穫是學會創作。不知不覺，我寫了十幾本書，認識了不少作家和讀者，接到許多演講和專訪。透過分享，不僅幫助了他人，更進而豐富了自己的生命。

成為有趣而豐富的靈魂

本書第六章談到「KOL推薦書」，有列舉多位KOL，他們普遍都有出書——原本都是大量閱讀者，累積龐大的知識量因而提升了創作力，將自己的知識經驗以書為載體進行傳播，造福了更多人。人類的進化，有不少要歸功於書。

因果關係是：先有大量閱讀（輸入），然後出書（輸出）。

透過閱讀輸入到腦中的知識，或許不如電腦資料夾那樣清楚的系統化分類、儲存，看似零零散散分布在腦部記憶區內。然而，某一次的機緣來到（心血來潮，或因某一件事物而引發），讓原本神經元瞬間連結，形成了想法，激發出創造力。

跨領域輸入，會迸發出無限種創意輸出。**在創作圈裡，許多靈感和創新都發生在跨領域的交界處**。以我自己為例，激發我靈感最多的固然是書籍，但是電影、音樂，也扮演了重要角色。

例如，本書第三章我借鏡了電影「我的少女時代」、主題曲《小幸運》，皆以一九九〇年代校園生活場景，試圖勾起讀者們共同記憶，引發共鳴。用「很久很久以後」形容第一廣場改名，呼應電影開頭旁白：「很久很久以後，我才知道，人生沒有如果，只有後果和結果。」反映女主角林真心在回憶青春歲月時的感悟，實際上可能只隔了十年，因此，青少年的時間感和大人很不一樣。

很多電影，都是知名小說改編為劇本的。通常看過電影的人，再去看小說，都會有更多的驚喜。因為文字的變化性之大，以及讀者自行在腦中想像的空間，往往遠超過電影所能呈現的。**閱讀小說，是激發創造力的極佳泉源**。

我鼓勵愛書人要嘗試創作，有在創作（輸出）的人，自然產生不斷閱讀（輸入）的動力。有寫作習慣的人，必有閱讀習慣。一旦你開始創作，閱讀量一定會倍增。

如果不想創作呢？無妨，但你總要說話。閱讀會為你增添許多談資，不至於詞窮，成了「句點王」。一位大量閱讀者，必是有趣的靈魂。

閱讀，會增加生命的深度和廣度。**每一頁讀過的書皆化為春泥，滋養著你，靜待時節到來，必見繁花盛開**。你若天天閱讀，時時咀嚼著充滿智慧的文字，說話時就會像口吐蓮花，滿是金句。

你的命運，和你幫助過的人有關

在出書分享的過程中，也會不知不覺幫助了很多人。例如，有一位叫 Penny，不是我國三認識的那位乾姊姊，而是我「安納金時期」的讀者，她住在苗栗市，是兩個女兒的母親。

在我撰寫《內在原力》第二部曲《原力效應》的某一天，收到她傳給我訊息，是守在加護病房中的姪女，根據 Penny 口述而幫忙打字，發給我的求助訊息。Penny 右小腿乏力，經過多次各種治療後皆無效，最後到大醫院診斷，才確認是腦瘤——原發性膠質瘤惡性第二期，希望我給她安定的力量走出這難關。

原發性膠質瘤是醫界最棘手的惡性腫瘤之一，通常發病之後有七成患者會在一年半內死亡，而且由於這類腫瘤無法全數切除，否則很容易傷及患者運動神經，導致癱瘓。我和幾位醫師好友們討論，初步估計整體醫療費用至少一百萬元，治癒機率則是未知。這對當時三十幾歲的她、老公，以及兩位學齡前的女兒，都是難以承受的重大打擊。

我打電話給她，教她如何轉念，用積極的態度面對治療。她說：「我很希望能活久一點，幫我的兩位女兒綁辮子。」那時候，她的大女兒才六歲、小女兒僅四歲。

我在安納金的讀者社團內發動募款，獲得了許多夥伴捐款響應。金額還沒達到一百萬元，Penny 就傳來訊息：「夠我度過這次的難關了，愛心請留給下一位有需要的夥伴。」後來，她手術順利。身體稍微能自主的時候，再度寫訊息給我。以下節錄其中一小部分：

住院的期間感恩我所遇到的人事物，能活著真的很好。

感謝我的堂姐，將她的女兒送來我身邊貼身的照顧，讓我行動不便的時候，有她在就很安心，後續的療程我一定會堅定的走完。醫生答應我一定可以幫我的兩位女兒綁辮子，可以回歸正常生活，只要後續好好的接受化療接受所有的安排，我一定可以完成的，我一定可以恢復健康的身體的！

為何這麼多讀者想一起來幫助她？因為安納金時期，只有一場辦在台北市的讀者聚會，她專程一大早從苗栗搭客運上來台北，擔任早上八點到晚上六點的全天志工，幫助了許多夥伴。那就是她的「緣」——有善因，還需要善緣，才能得善果。

一切人事物之間的關係錯綜複雜、環環相扣，人們稱之為因果循環。有因未必會有果，關鍵在於「緣」。因是種子，緣是土壤、空氣、水。有好的起因還需要付出努力廣結善緣，最後才能結成正果。

善良的人，遇到的天使比較多。心存善念的人，雖不保證日子就會過得最好，但是當他們生命陷落時，上天派來他們身邊的天使一定會比較多。

Penny 因為擔任志工，廣結善緣幫助他人，「積福」進而「造命」——她後來的命運，和她之前幫助別人有關。

我在第五章提到的家羚也是如此。她被闖紅燈的車子撞傷，造成「蛛網膜下腔出血」，徘徊在死亡的邊緣。根據醫療資料庫統計，蛛網膜下腔出血有百分之十的人，無法在去醫院的途中倖存；倖存下來的人，還有四分之一的機率，因動脈瘤二度破裂而死亡。即便是活下來的病人，也有將近一半的人，無法回歸原本的工作崗位。

家羚倖存下來了。而且透過積極的治療、復健之後，已經痊癒。家羚與社團夥伴們從高雄、嘉義去到台中的「中國醫藥學院附設醫院」，以及其他社團夥伴從台北前來，成了 Penny 開刀住院期間，給她支持力量的人。

家羚曾是陷落的人，我幫了她，她痊癒後幫助了 Penny，而且「緣起不滅」。二〇二三年我在台南有一場新書分享會，結束時，家羚帶著她的男友來給我認識，此時的她，美得像個天使，不只痊癒，還變得比以前更有氣質、更美麗。**一個人的外表絕**

對和靈魂有關，而靈魂和所有過去的經歷有關。

二〇二四年二月，我前往楊梅，主講一場國泰人壽桃竹區部的大型演講。開場前，主辦人梁家銘協理臨時跟我說，需要跟我借用五分鐘時間。我不確定他要做什麼，但我就說好。結果，竟然是Penny拄著枴杖，來為我獻花，並且跟現場三百多位聽眾分享，我之前是如何幫助她的。結果現場哭成一片，這是我第一次還沒開始演講，就先淚流滿面的一次。

已經好幾年了，一直到現在，我的粉絲頁上每一篇分享新書的貼文，Penny都馬上轉發分享。我看有些書明明就不是她會有興趣的，但她還是每一篇都幫我轉發出去——因為上輩子結的善緣，即使安納金早已消失，到了這輩子，她還一直與我緣起不滅。

Penny不是特例，我以前以安納金身分幫助過許多讀者，儘管已經封筆了好幾年，還有不少人跟我在這輩子再續前緣，甚至成為好友。我們一輩子的命運，都和過去幫助過的人有關，就像量子糾纏。

2024 年 2 月 3 日，Penny 在愛瑞克演講開始前獻花，並且發表五分鐘的感言。

積福，以意料之外的方式幫助自己

俗話說善有善報，只是，根據我的經驗，往往不在意料之內，而是意料之外，以不同的形式回流到自己身上。

某一天，我收到出版社轉寄給我一封信。用標準信封、標準信紙寫成的，是來自一位受刑人從監獄中手寫給我的信。滿滿四頁，除了描述他從《內在原力》書中得到哪些共鳴、獲得哪些啟發，也告訴我說他女兒剛滿八歲，他常以書信教導女兒積極正向的人生觀。

他並沒有害任何人，入監原因是他親戚和他媽媽騙了別人錢，二十年前官司就開打了，他親戚被判無罪，而媽媽從人間蒸發，因此八年前他從證人轉為被告，在沒有物證只有人證的情況下，被判了偽造文書，須服刑一年八個月。

他在信中告訴我，他做到了《內在原力》書中「找到壞事背後隱藏的好事」：這個旅程看似很冤枉，但他從一百二十公斤瘦到九十八公斤，生活作息正常，讓他很多健康指標從超標回到正常，和老婆的關係也從相處二十七年的平淡生活重燃戀愛的感覺，還有太多的「好事」都是在這事件後才發生的。唯獨有一個問題，他必須求助於我。他八歲的女兒問：「為何你媽媽要對你這麼壞？」（小女孩從沒見過奶奶）他語塞了，答不出來。問我該怎麼跟他女兒說？

我回信給他，以下摘錄其中一部分：

這個問題本身是一種假想。事實上，有很多種狀況和可能性，機率高低不同：

1. 她有可能已經去世了。去世的原因有可能是畏罪自殺、遭人殺害、因病或意外而死亡。無論原因為何，就算想要致歉、當面說清楚也都不可得。這些情形之下，若你或女兒懷著恨意過一輩子，那就是你們的無知和過錯了。（所以萬萬不可！）

2. 她也有可能還活著，但是不敢見自己的兒孫。因為愧疚感會讓她一輩子躲著，直到去世，那麼狀況與前述第一點也差異不大。但若她仍活著但並沒有歉意，**那是她的選擇，是她人生的功課；你有你的選擇、你的人生功課**。她的功課你無法替她做，你的功課也沒有人可以替你做，你必須親自去完成、去學習，讓自己和靈魂層次提升。

你若相信輪迴，但又不知道自己的三世因果，在無法得知累世的關係狀況下，你能做的是「以終為始」從未來倒著看回現在、做出選擇。**人往往只有在死亡之後，才能夠看清楚一切，才能真正「放下」。但是，既然終究要放下的，何不現在就放下？能夠生前放下，就不要等死後才放下。**

這一世如此安排，一定是有原因的，而且就是要考驗你能否完成這課題。當你學會放下心結、給予母親祝福的那一刻起，你就獲得自由了！你就過關了，母親與你的關係就是以圓滿當作結束了。

後來，他帶著滿滿的感恩，手寫給我三頁的信，順道又問我一個困擾了他多年的另一個問題：

我祖母得肺炎之前頭腦清晰，身體也十分健康，沒什麼疾病的困擾。她在八十歲左右，忽然有一天叫我，跟我說了一句困擾我至今的話。她說：「我吃齋念佛了一輩子，到頭來才發現，其實人若死了，就什麼都沒了。」這對我無疑在心裡投下了一顆巨大的震撼彈！從小認知的輪迴、修行、念佛等，一瞬間都錯亂了，於是我漸漸修正對宗教的依賴，除了把念佛號當作是強化念力的日常以外，其餘時間若遇到了低潮，大部分都是靠自己轉念，加上許多激勵自己的哲學思想而度過的。

我再次回信給他，以下節錄其中一部分：

您的祖母能夠到八十歲都身體健康、沒什麼疾病困擾，已經是很大的福報，那一代的人很少能享有這樣的狀態。這證明您的祖母是善良、有福德之人。至於她說：「人若死了，就什麼都沒了。」佛經裡的智慧不是這樣的，吃齋、念佛號未必能增智慧。**若真有輪迴，那麼沒有一生是白走的路，每一步都算數**。

您要感謝您祖母，以她親身的經歷勸戒你，**不要只是修福，卻沒有修慧**。您提到自己遇到低潮，大部分都是靠自己轉念，加上許多激勵自己的哲學思想而度過的，這就是您祖母讓你擺脫對神佛的依賴，**活出自己的哲學之道，擁有獨立轉念的能力**。

事後我回想，怎麼會第一次回信就跟他說「能夠生前放下，就不要等死後才放下」這句話？我憑什麼啊？

李笑來將人生視為每七年不斷「重生」、「再造」的旅程，當時我已經四十五歲，相當於在第七輩子了。我已經能體會，帶著怨恨進入到下一世，是不智的，而且是我們的自由意志就可以決定的事情。原來，我已經「重生」過很多次了，所以「放下」這件事情我很會。

七歲溺水，我可以帶著對上天的怨恨，帶著怨氣走完後續的人生；但我的自由意志決定視之為重生、從此愛惜生命，活在與其他生命共好的世界裡。

十四歲我墜入谷底，我也可以懷恨抓我作弊的 Amy 一輩子，但我將她視為幫助我人生轉變的重要貴人，這也是我的自由意志決定的。

人的自由意志，決定了接下來的每一世，你要活在充滿怨恨還是感恩的世界裡，這不是神佛幫我們決定的，是我們自己。你即是生命的主人。

這位受刑人後來順利重回社會了。我相信他是活在充滿感恩的世界裡，因為後來發生了一件事。更確切來說，是好幾件事。

二〇二三年八月，我前往淡水益品書屋主講《原力效應》，有一位讀者 Tesa 來聽。隔一個月，陳怡嘉老師在誠品南西店舉辦《自律學習力》新書分享會，我擔任主持人兼與談人，再次看到 Tesa 坐在第一排，不只認真聽講，同時也幫我們拍照。後來只要是我的公開演講，Tesa 幾乎必到，並主動擔任現場的志工、幫忙拍照錄影，順路的話還會開車載我往返。

Tesa 是一位虔誠的基督徒，曾是跨國公司的 CEO，後來回歸家庭，天天幫孩子準備便當，怡然自得。她常跟我買親筆簽名書，我問她要送誰？她都說還不知道，隨時帶在身上，若遇到合適的對象，就送給對方當結緣。有一天，我們一起餐敘，席間有人問她，為何會成為我讀者？她才說出，是那一位出獄的朋友推薦她讀《內在原力》。天啊！原來好幾年前我助人的事情，一直回流到自己身上，我都不自覺。

這個宇宙很大，科學家們還無法算清楚到底有幾個維度。我們做善事所產生的福報，並非我們所能計算的。然而，**物質和能量都不會憑空消失——它們只是以不同形式、超乎我們想像的方式在轉換。**

二〇二五年一月十九日，洪瀞教授在誠品松菸舉辦《先降噪，再聚焦》新書分享會，我擔任與談人之一，郝旭烈（郝哥）也是。活動前一小時，就有一位孕婦提早來，坐在第一排中間。她是趙紹閔，她說，自己從不追星，但唯一只追郝哥的演講。Tesa 聽了，竟然從背包裡拿出一本我的親筆簽名書，當場送給她。

後來，我成了紹閔第二位追演講的作家。二〇二五年三月二日我再次前往益品書屋演講，紹閔挺著大肚子，專程從台中開車到淡水聽我演講。她再次與Tesa不期而遇，就坐在一起。Tesa另一邊坐著陳怡嘉老師——她們從誠品南西店那一場之後就成了摯友。當晚，紹閔發表上千字的聽講心得，開頭寫著：「古諺有云：一命、二運、三風水、四積陰德、五讀書。」這成了我創作的靈感，於是寫入此書做為開頭、也是結尾。我們付出的，總以不同形式回流，環環相扣，緣起不滅。

過去的因，成為眼前的果，卻也是未來的因——**人生沒有白走的路，每一步都算數**。

積福，先從一個書櫃開始

你可能會好奇，我因為有著作和演講，因此有很多機會廣結善緣，那麼沒有作品的人又該如何積福呢？我的建議是：先從擁有一個書櫃開始。

李惠貞在《給未來的讀者》寫道：「書櫃是我們走過的歷程。保存下來的書，是形塑我們的重要證據。任何時候，如果你忘了自己是誰，書櫃會提醒你。」

有書櫃的人是幸福的，閱讀不會背叛你，書櫃也是。所有你收藏的書，那些作者們都會默默的支持你。**當你失意的時候，他們會給你重新振作的勇氣；當你失憶的時候，他們會幫你找回自己。**

李惠貞還說：「一個家沒有書櫃，就好像一個人沒有靈魂。書櫃不拘大小，就算一格也好，都比空洞的靈魂好。」所有的書櫃，都是先從有第一本書開始的。一位讀者 Karen Tseng，她寫給我的感言，完全呼應了這個觀點：

我從畢業後，就沒有再主動拿起書來看。很開心，也很感恩，讓我在二〇二三年三月遇見了命定之書《內在原力》。謝謝這本書常常讓我有重新整理自己，再重新出發的使命！也讓我的心靈開啟了好多化學變化，生活變得很不一樣，想法也變得比較活躍，甚至還可以從朋友認為微不足道的事，讓我試著慢慢的把他們拉回生活中，從心慢慢修正，一步一步慢慢走！

這兩年來感觸很多，我也常常閱讀不同書來充實自己，不管是教育也好、工作也好、人際關係也好，都大大的提升了。在教養方面，我也和小孩一起成長許多。只要一有空檔，我就會帶著小孩一同去做有意義的事：如參加愛大演講、參加愛大舉辦小學生繪畫比賽、參加電影包場（「ＢＩＧ」及「乒乓男孩」）、在工作之餘入校園當女兒班上ＥＱ課程志工，甚至還跟小孩一起上游泳課，一起學習，我們的心靈是如此的澎湃，也很踏實。謝謝愛大，讓我重新出發，把心找回來。

在她離開學校之後，漫長的歲月裡，是一本書帶給她人生轉變的契機。影響了她，也影響了孩子。

很多時候，一本書的影響延續好幾個世代，前後加一加，至少一百年。你願不願意，在一生中多花一點時間，讓自己去遇到一本好書？只要你願意，就一定會值得！

很推崇蔣勳老師二〇一二年 TEDxTaipei 演講影片「留十八分鐘給自己」，我看了很多遍。他提到：「一天有二十四小時這麼漫長，我們能不能留十八分鐘給一首詩？」、「或許退一步吧，我們一年的三百六十五天，能不能留十八分鐘給一首詩？」

我換句話說，我們能不能，留一個空間給一本書？

只要你的家裡有一本書，而它是你的命定之書，它就可以幫你撐起整個人生，你和孩子的命運可能從它開始改寫。一個家族的福氣，就從一個書櫃開始，慢慢累積。

閱讀是不斷抽牌，打出人生最好的牌局

家裡沒錢，買不起書的人，怎麼辦？

我有記憶以來都是在大里鄉下的工廠、荒地、田間及草叢裡長大的。閱讀課外書這件事，在我小時候的鄉下就只是傳說而已，彷彿不切實際。

願力大於業力。只要你願意，每一間圖書館都可以當你的靠山。

我第一次失戀而開啟大量閱讀的契機。初期，我是先去當時的大里鄉立圖書館找書的。館內藏書不多，想看的書我都翻遍了，看得不夠過癮，因此跑到好幾公里外的

書店去找尋更多書。

那是三十年前。現在，全台灣各縣市都有圖書館，藏書都很多，而且借閱非常便利，甚至可以先在網路上預約，去離自己最近的分館取書。你不用跑幾公里去找書，書自己會跑向你。

再艱困的環境，都有積極想要改變自我的人，他們的命運掌握在自己手裡。業力，並非我們不看書的理由。《薩古魯談業力》中寫道：「業不是宿命的枷鎖，而是你手中的畫筆，用來繪製你的未來。」過去累積的一切，形成了你眼前的這顆石頭，它有可能是絆腳石，但也可能是墊腳石，端看你怎麼看待它、運用它。

我每一場演講都會用撲克牌，做為與聽眾互動與積點的工具。在中小型場次，會讓每一位參與者先抽一張牌。我說：「你無法知道為何會一開始拿到這張牌，但你可以決定要如何運用它，打出人生最好的牌局。」

演講最後，我會讓所有聽眾合作來打出最強的五張牌組合，可「自由換牌」但是「有限時間」。我說：「你可以在有生之年跟任何人交流，當你跟愈多人合作，就愈能打出更好的人生牌局。」

在大型演講中，只有舉手搶答的人可以抽牌。我第一次看到有人打出同花順，是從一位國二的女同學手上看到的。她是全校聽眾裡第一位舉手搶答的人，而且答對了，但卻抽到梅花三，是極小的牌，她顯得很氣餒。

我跟她說：「不要氣餒，這就是人生。並不是每一次努力都會得到最好結果。但是不努力的人（指從來不舉手的人）最後一定是空手而回，什麼都沒有。」

她班上同學開始努力不斷舉手搶答，贏得梅花四和五。後來，在最後「有限時間」的「自由換牌」時段，她們班主動站起來向全校喊：「誰有梅花六和七？」

結果，遠在另一角落的國三男生班，跑過來把梅花六和七送給她們，組成了梅花三四五六七的同花順，贏得全校最大獎：我的親簽書二十本。學妹們把其中的十本送給學長他們班。這就是「利他共贏」，你關心的範圍會造就你能力的極限。

天生我材必有用，不要覺得自己的天賦是梅花三，是沒有用、不值錢的。這世界上一定會有一個團隊，獨缺你的才能，等你加入，他們就無敵了。

閱讀，就像從別人那裡拿到不同的牌，幫助你打出更好的牌局。每一本書、每一位作者，都是你潛在可以運用的牌。當你學會透過閱讀，積極打出最好的牌局，那過程就會改造命運——業力對你的影響，已經停留在過去，你開始主動創造未來。

閱讀的力量，大過業力。

書，可以改造命運。

後記

始於命，終於書

感謝我父親游衛先生，他在我七歲的時候跳進激流，把我拉回岸上救活，那就是我人生故事開始的地方。從水裡看世界的倒影中，彷彿若有光，父親就是拯救我的光、保衛和支撐我的磐石。

我認識家族裡的每個人都很會游泳，只有我不是。如果我很會，或許就不會溺水，也就少了洗心革面的重生機會，說不定後面一切美好的故事就不會發生了。像量子力學裡「薛丁格的貓」，是活的還是死的？要等觀測者打開來看才知道。

謝謝你打開了這一本書。我每一次寫書的時候，都是活的。我無法活一百萬次，但只要每多一次機會，就會再增長一點智慧——因為我有書櫃——這是我此生報酬率最高的投資。

哈拉瑞說人類是被小麥馴服，但明明很多人是被貓馴服，我是被書馴服。肥志寫了很多部斷代史，裡面全部都是貓；我的人生編年史，裡面全部都是書。

時間一直在烤我，每過一年多一度，我和書愈來愈熟，跟有些人變得不熟。泰森的「外星人」說人類是肉做的，這樣的話，我烤到一百度就全熟了。還好，現在只有半熟，還可以寫書，希望可以一直寫下去，到我完全焦掉為止。

請記得，你將來失意時，要回來看此書第「　」頁，會給你力量；快要失憶時，要看第「　」頁，幫你找回自己。用一分鐘寫下你專屬的答案吧，這本書就被你馴服了，它不用再流浪，你從此是它獨一無二的主人。記得把這段拍照傳給你最要好的親友，請他們幫你保存，萬一將來你連自己是誰都忘了，有人可以幫你找到解答，重回B612星球的家——這是世界上最透明的故事。

我覺得過去七輩子圓滿了嗎？應該還沒，所以我還沒離開地球表面。如果有一天，我比你早抵達天堂門口，上帝問我一輩子幫助過多少人？我就如實申報，希望能順利通關，這樣就可以在暗中守護你——當你陷入黑暗中，我的靈魂會守護你。你因閱讀與我的靈魂混血了，我們就會照見彼此，以此書為證。

蒙格享耆壽九十九歲，相當於在第十五輩子辭世，他造福了很多人，包括我。我的才能不及他萬分之一，但仍期許自己一生可以幫助很多人。儘管自不量力，但我深信書會幫我。累積了七輩子的幸運，讓我有你這位讀者，期盼有一天，我當你讀者，看見我們混血過的痕跡。只要你還記得我，我的靈魂就永遠不會消失，就可以繼續守護你。

聽說，此刻就是立遺囑的最好時刻。蘇格拉底去世前留下的遺言，是請學生記得要幫他還一隻雞。在這本書的最後，我也想跟你說：一天要留十八分鐘給一本書，你的命運會不同。

古諺有云：「一命、二運、三風水、四積陰德、五讀書。」這是我一生的預言。命定之書，始於命，終於書。

推廣閱讀是我一生的使命，也滋養了我的生命。
人生沒有白讀的書，每一本都算數。願好書與你同在！

愛瑞克敬上

附錄一
愛瑞克的十本命定之書

1.《總裁獅子心（20週年全新修訂精裝版）》，嚴長壽著，平安文化，2017/07/31。

2.《卡內基溝通與人際關係：如何贏取友誼與影響他人》，戴爾・卡內基著，龍齡出版，2015/01/05。

3.《有錢人想的和你不一樣》，哈福・艾克著，大塊文化，2005/12/02。

4.《窮查理的普通常識（紀念典藏版）：巴菲特50年智慧合夥人查理・蒙格的人生哲學》，查理・蒙格著，商業周刊，2024/04/30。

5.《當下的力量：通往靈性開悟的指引（三版）》，艾克哈特・托勒著，橡實文化，2023/03/01。

6.《人類大歷史（增訂版）：從野獸到扮演上帝》，哈拉瑞著，天下文化，2022/10/27。
7.《新時間簡史》，史蒂芬·霍金著，大塊文化，2012/06/27。
8.《先知：中英文經典收藏》，紀伯倫著，木馬文化，2014/07/02。
9.《捨得，捨不得：帶著金剛經旅行》，蔣勳著，有鹿文化，2014/11/01。
10.《雲淡風輕：談東方美學》，蔣勳著，有鹿文化，2018/10/05。

附錄二

延伸閱讀書單

商業企管／投資理財

1.《與成功有約：高效能人士的七個習慣（三十週年全新增訂版）》，史蒂芬．柯維著，天下文化，2020/10/30。

2.《蒙格之道：關於投資、閱讀、工作與幸福的普通常識》，查理．蒙格著，天下文化，2023/08/31。

3.《思考致富：全球銷售七千萬冊，洛克菲勒、福特、卡內基的財富締造機密》，拿破崙・希爾著，方舟文化，2024/08/07。

4.《從0到1：打開世界運作的未知祕密，在意想不到之處發現價值》，彼得・提爾、布雷克・馬斯特合著，天下雜誌，2014/10/07。

5.《納瓦爾寶典：從白手起家到財務自由，矽谷傳奇創投家的投資哲學與人生智慧》，艾瑞克・喬根森著，天下雜誌，2024/01/04。

6.《執行長日記：關於事業與人生的33條法則》史蒂文・巴列特著，悅知文化，2024/07/05。

7.《原力效應：3步驟改變你的世界》，愛瑞克著，新樂園，2023/02/01。

8.《高手思維：《羅輯思維》人氣作家，要新、要硬、要讓你「得到」最有用的知識》，萬維鋼著，遠流，2018/07/27。

9.《你要如何衡量你的人生？（全新增修版）：哈佛商學院最重要的一堂課》，克雷頓・克里斯汀生、詹姆斯・歐沃斯、凱倫・狄倫合著，天下文化，2024/01/12。

10.《先降噪，再聚焦：做自己的人生規劃師，建立「消除雜訊、激發潛能」的高效能原則》，洪瀞著，有鹿文化，2025/01/03。

心理勵志

11.《內在原力：9個設定，活出最好的人生版本》，愛瑞克著，新樂園，2021/07/28。
12.《內在成就：成為你真正想成為的人》，愛瑞克著，天下文化，2023/11/27。
13.《給未來的讀者》，李惠貞著，維摩舍，2020/06/08。
14.《你願意，人生就會值得：蔡康永的情商課3》，蔡康永著，如何，2024/08/01。
15.《生命中最大的寶藏就是你自己 Stand by Yourself》，曾寶儀著，天下文化，2024/10/31。

人文社科

16.《人類大命運（增訂版）：從智人到神人》，哈拉瑞著，天下文化，2022/10/27。

17.《21世紀的21堂課（增訂版）》，哈拉瑞著，天下文化，2022/10/27。

自然科普

18.《星際效應：電影幕後的科學事實、推測與想像》，基普・索恩著，漫遊者文化，2022/08/10。

19.《宇宙教我們的人生課：從無垠到剎那，萬物蘊含的真理》，尼爾・泰森著，三采，2023/06/02。

華文創作

20.《不被大風吹倒》，莫言著，天下文化，2025/02/06。

21.《請問侯文詠：一場與內在對話的旅程》，侯文詠著，皇冠，2014/12/29。

22.《天長地久：給美君的信》，龍應台著，時報出版，2022/04/26。

翻譯文學

23.《百年孤寂：首度正式授權繁體中文版！出版五十週年紀念全新譯本》，加布列・賈西亞・馬奎斯著，皇冠，2018/02/05。

24.《大亨小傳（出版一百週年紀念版）》，史考特・費茲傑羅著，漫遊者文化，2024/11/11。

25.《我是貓：夏目漱石奠定文壇地位代表作（經典珍藏版）》，夏目漱石著，大牌出版，2021/10/06。

26.《解憂雜貨店（暖心紀念版）》，東野圭吾著，皇冠，2018/08/06。

27.《流浪者之歌／悉達多：赫曼．赫塞傳世之作，出版一百週年紀念版》，赫曼．赫塞著，方舟文化，2022/01/05。

藝術美學／宗教命理

28.《江賢二：以美淨化人心》，吳錦勳著，天下文化，2025/01/14。

29.《朝一座生命的山》，李惠貞著，維摩舍，2018/04/19。

30.《薩古魯談業力：一個瑜伽士關於改變命運的教導》，薩古魯著，地平線文化，2022/08/08。

傳記／回憶錄

31.《之間：誠品創辦人吳清友的生命之旅》，吳錦勳著，天下文化，2019/03/12。

32.《張忠謀自傳：上冊　一九三一——一九六四》，張忠謀著，天下文化，2024/11/29。

33.《張忠謀自傳：下冊　一九六四——二〇一八》，張忠謀著，天下文化，2024/11/29。

34.《賈伯斯傳（紀念增訂版）》，華特．艾薩克森著，天下文化，2023/05/31。

閱讀方法

35.《如何閱讀一本書（台灣商務七十週年典藏紀念版）》，莫提默．J．艾德勒、查爾斯．范多倫合著，台灣商務，2016/12/07。

36.《閱讀的方法：找到文明世界中，本該如此的我》，羅振宇著，圓神，2022/09/01。

37.《大腦想要的正確讀書法：用最輕鬆的方式讀，找回被網路偷走的專注力》，茂木健一郎著，親子天下，2025/02/05。

38.《一流的人讀書，都在哪裡畫線？：菁英閱讀的深思考技術》，土井英司著，天下雜誌，2021/06/30。

39.《越讀者（十週年增訂版）》，郝明義著，網路與書出版，2017/08/30。

40.《閱讀素養：黃國珍的閱讀理解課，從訊息到意義，帶你讀出深度思考力》，黃國珍著，親子天下，2019/03/12。

41.《探究式閱讀：黃國珍的閱讀進階課，從自我提問到深度思考，帶你讀出跨域素養力》，黃國珍著，親子天下，2020/09/18。

42.《讀懂一本書：三千三百萬會員、二十二億次收聽「樊登讀書」創始人知識變能力的祕密完整公開》，樊登著，三采，2020/04/01。

附錄三

各章金句總覽

1. 每個人都有一本「命定之書」在等著他。
2. 再怎麼不起眼的書，都能幫助到一個靈魂。
3. 命定之書，是影響一個人一輩子的書。
4. 先有「啟蒙之書」，之後確認為是「命定之書」。
5. 命定之書有如貴人，在我們生命的關鍵時刻中出現。
6. 書陪伴你一陣子，你想念他一輩子。
7. 對於渴求知識的人，書是一座水庫，足以灌溉他荒蕪的人生。
8. 對於陷入情緒深淵的人，書是一條繩子，拉住了瀕死的靈魂。

9. 對於時空的探索者，書是一扇門，開啟了一片未知的宇宙。
10. 書店庇蔭了所有漂泊異鄉的文藝青年，用書拯救他們的靈魂。
11. 在人生不同階段，都可能出現大幅改變人生路徑的書。
12. 人生每一次轉折，都由一本命定之書引路。
13. 有些書看似平凡無奇，卻令他們深深懷念。
14. 事後回顧時，我們才能清楚明白，一本書對於自己的意義有多大。
15. 過去、現在、未來，環環相扣，都可以改變。
16. 我們都是自己人生的作者，也是他人的協作者。
17. 運氣，隱含在你的言行之中。
18. 閱讀，創造出讀者心中的一把尺，靠它來丈量世界。
19. 書可以幫你抵達的境界，遠遠超過你所能想像的範圍。
20. 我們的心廣大如海，只可惜許多人活成了海浪。
21. 人生苦短，我們做不到的，書做得到。

22. 人會來，就會離開，但是影響力可以留下來。
23. 書籍扮演了流傳故事、傳承記憶、延續影響力的重要媒介。
24. 機遇的起源，就從翻開一本好書開始。
25. 改變家族命運，就從養成閱讀習慣開始。
26. 讀書、讀人、讀靈魂。
27. 融入到作者的視角，去看、去感受這個世界。
28. 讀一本書，即是在讀作者這個人，感受的是他的靈魂。
29. 奠定人生觀的書，就是命定之書。
30. 閱讀的人都是相似的，不閱讀的人各有各的原因。
31. 只要被一本書撼動到了靈魂深處，他一定會想要閱讀。
32. 閱讀是一種與自己對話、拓展世界的方式。
33. 現在，就是翻開一本書最完美的時刻。
34. 閱讀增加了你選擇的機會，也增加了你的自由度。

35. 時間愈用愈少，書朋友會愈來愈多。
36. 書在你失意的時候鼓勵你、快要失憶的時候提醒你。
37. 想扭轉命運，要從改變思維做起。
38. 大成就並不是來自於賺大錢，而是幫助很多人。
39. 人生觀不同了，看見的世界也就不同。
40. 書讀愈多就會變更快，讀更快就又想讀愈多。
41. 讀書重點在激發思考，那才是啟蒙的關鍵。
42. 經典書是穿越悠久時空，產生廣泛影響的書。
43. 只要你身上帶著一本經典，永遠也不會覺得孤單。
44. 你的內心曾被觸動，就會一直留在你的潛意識裡。
45. 買書，是報酬率最高的投資。
46. 一本書，能記住一個受益無窮的重點就值了。
47. 用「人生終極 KPI」來從事你的工作，宛如在天堂。

48.讀書，記得住的變成知識，記不住的變成氣質。
49.在創作圈，許多靈感和創新都發生在跨領域交界處。
50.每一頁讀過的書，皆化為春泥滋養你，靜待時節到來，必見繁花盛開。
51.我們一輩子的命運，都和過去幫助過的人有關。
52.人生沒有白走的路，每一步都算數。
53.積福，先從一個書櫃開始。
54.閱讀是不斷抽牌，打出人生最好的牌局。

附錄四

書中以隱喻或雙關語提及的書籍與文章

這些都是愛瑞克讀過、記憶深刻的作品。給有興趣的讀者自行從本書內文去找尋它們出現的地方，也可做為延伸閱讀的選擇（建議先不要回頭翻閱內文，先憑記憶回想這些作品出現在哪些篇章）。

1.《起源》，丹・布朗著，時報出版，2018/05/05。
2.《大概是時間在煮我吧》，張西著，三采，2022/02/25。
3.〈謝天〉，收錄於陳之藩散文集《劍河倒影》，遠東圖書，1990/02/15。
4.《老派少女購物路線》，洪愛珠著，遠流，2021/03/26。

5.《重啟人生：一個哈佛教授的生命領悟，給你把餘生過好的簡單建議》，亞瑟．布魯克斯著，天下雜誌，2023/05/31。
6.《52赫茲的鯨魚們》，町田苑香著，春天出版社，2022/12/30。
7.〈背影〉，收錄於朱自清散文集《朱自清作品精選１：背影》，風雲時代，2019/09/20。
8.《傳說》，蔣勳著，聯合文學，2019/03/18。
9.《小王子》，安東尼．聖修伯里著，繁體中文版有多種版本。
10.《徬徨少年時》，赫曼．赫塞著，繁體中文版有多種版本。
11.《追憶似水年華》，馬塞爾．普魯斯特著，木馬文化，2023/01/05。
12.《要有一個人：澈讀22種人生，你的人生有無限可能！》，楊斯棓著，先覺，2024/01/01。
13.《巨流河》，齊邦媛著，天下文化，2020/01/15。
14.《零與無限大（全新書衣版）：許文龍３６０度人生哲學》，許文龍、林佳龍合著，早安財經，2021/06/01。

15.《世界盡頭的咖啡館：這一生，我為何而存在？》，約翰・史崔勒基著，三采，2025/02/27。

16.《自成一派：只此一家，別無分號》，張曼娟著，天下文化，2023/03/31。

17.《一期一會的生命禮物》，曾寶儀著，大田，2024/02/06。

18.《先放手，再放心：我從《心經》學到的人生智慧》，吳若權著，悅知文化，2021/08/02。

19.《一級玩家（史蒂芬・史匹柏親導同名電影原著小說）》，恩斯特・克萊恩著，麥田，2022/01/06。

20.《極限賽局》，謝文憲、劉子寧合著，天下文化，2023/12/23。

21.《生活是一場熱情的遊戲》，吳家德著，有鹿文化，2023/06/09。

22.《淡定的智慧：弘一大師的處世心法，活出安然自得的人生（三版）》，弘一大師、慶裕合著，木馬文化，2024/08/28。

23.《激流與倒影》，林懷民著，時報出版，2022/05/27。
24.《尋找故事開始的地方：故事點石成金30法，人人都能創造自己的成名作》，蔡淇華著，時報出版，2024/02/06。
25.《世界上最透明的故事》，杉井光著，皇冠，2024/09/30。
26.《你在暗中守護我》，翁禎翊著，遠流，2024/12/27。
27.《此刻，就是立遺囑的最好時刻：最溫暖的律師事務所主持人×最有愛的財富傳承手諭》，蘇家宏、游婉琪合著，寶瓶文化，2024/07/08。
28.《妳一生的預言：電影「異星入境」原著小說》，姜峯楠著，鸚鵡螺文化，2017/02/13。

國家圖書館出版品預行編目（CIP）資料

命定之書：一頁篇幅，讓人生無限增幅 / 愛瑞克著. -- 第一版. -- 臺北市：遠見天下文化出版股份有限公司, 2025.07
面；　公分. -- (心理勵志；BBP510)
ISBN 978-626-417-436-7(平裝)

1.CST: 讀書法 2.CST: 閱讀指導

019.1　　　　114007841

心理勵志 BBP510

命定之書：

一頁篇幅，讓人生無限增幅

作者 — 愛瑞克

副社長兼總編輯 — 吳佩穎
副總編輯 — 黃安妮
責任編輯 — 黃筱涵
封面暨內頁版型設計 — Dinner illustration（特約）
校對 — 魏秋綢（特約）

出版者 — 遠見天下文化出版股份有限公司
創辦人 — 高希均、王力行
遠見・天下文化　事業群榮譽董事長 — 高希均
遠見・天下文化　事業群董事長 — 王力行
天下文化社長 — 王力行
天下文化總經理 — 鄧瑋羚
國際事務開發部兼版權中心總監 — 潘欣
法律顧問 — 理律法律事務所陳長文律師
著作權顧問 — 魏啟翔律師
社址 — 台北市 104 松江路 93 巷 1 號

讀者服務專線 — (02) 2662-0012 ｜傳真 — (02) 2662-0007；2662-0009
電子郵件信箱 — cwpc@cwgv.com.tw
直接郵撥帳號 — 1326703-6 號　遠見天下文化出版股份有限公司

製版廠 — 中原造像股份有限公司
印刷廠 — 中原造像股份有限公司
裝訂廠 — 中原造像股份有限公司
登記證 — 局版台業字第 2517 號
總經銷 — 大和書報圖書股份有限公司｜電話 — (02)8990-2588
出版日期 — 2025 年 7 月 14 日第一版第 1 次印行

定價 — 450 元
ISBN — 978-626-417-436-7
EISBN — 978-626-417-432-9（EPUB）；978-626-417-433-6（PDF）
書號 — BBP510
天下文化官網 — bookzone.cwgv.com.tw